精神科医が教える

ひとり老後を幸せに生きる

著者
和田秀樹

リベラル文庫

まえがき

長年、高齢者専門の精神科医をし、さまざまな情報に接しますが、世の中で常識とされていることが本当はそうでもないなと思うことがいくつもあります。

たとえば太めの人のほうがヤセている人より元気で長生きするということ。認知症は、それほど人に迷惑をかける病気ではないし、進行するほど、むしろニコニコと楽しそうに生きられるということ。

中でも、最近、痛感していることが、「一人暮らしは、そんなにマイナスでも悲惨なことでもないのではないか」ということです。

家族と暮らしている高齢者のほうが、一人暮らしの高齢者より自殺率が高いことも知りました。

理由として考えられるのは、同居する家族に迷惑をかけているのではないかという自責感が高まり、うつ病になりやすいからだということです。

一人暮らしの高齢者は寂しくないのかと心配すると、「長年のことですから」とケロッとした答えが返ってきたりします。

本書は、そういうかたがた、一人でも元気に生きている人、一人でも幸せに生きている人の心のありようや日々の暮らしから、孤独を楽しく生きるためのヒントや心構えを得るためにまとめられたものです。

実際、わたしも、一人でいるとホッとするタイプの人間です。ワイン会などでワイワイやるのも好きですが、一人でゆっくり楽しむのも好きです。仕事ならなおさら一人でないと集中できません。

自分は少し変わり者かなと思っていたのですが、孤独な方、一人居が好きな方の話を聞くと、これはこれで人間としてごく当たり前の生き方なんだという気がしてくるのです。

8050問題などが起こると、引きこもりが悪いことのように言われていますが、引きこもりの人が事件を起こすと珍しいからニュースになるという側面があります。日本には100万人以上の引きこもりがいるとされています。100人に一人は引きこもりなのです。でも事件を起こすのはごく少数。それも数年に一度ぐらいのものでしょう。

引きこもりの人は、それなりに自分の世界を持ち、ごく当たり前に暮らしている側面もあります。

独居老人や生涯未婚率の高さが日本の社会病理のように言われていますが、これにもわたしは違和感を覚えます。独居高齢者でも結婚しない人でも幸せそうな人はいくらでもいます。

人は長く生きれば生きるほど孤独になるものです。子どもは家を出て行くし、伴侶を病気で失うこともあるし、無二の親友との永別もあります。結局、人生長く生きれば生きるほど否応なしに孤独が身近なものになります。

でも、そんな中で幸せに生きる人はいくらでもいる、これは事実です。公園のベンチでのんびり日に当たりながらニコニコしている老人に孤独の影はありません。むしろ晩年の生を謳歌しているようにすら見えます。

こういうかたがたに共通する生き方があります。

それが何なのかをこの本で探ってみました。一人でも幸せに生きる術がある、孤独には孤独の楽しみ方があるんだということを知っていただければ幸いです。

和田秀樹

目次

精神科医が教える

ひとり老後を幸せに生きる

第1章

一人でも幸福な人

第2章 大らかな人は一人でも幸せ

第3章

「ときどき一人」に慣れていこう

第4章

人に会いたいときは、寂しいとき

第5章

「幸せな一人の日々」の準備を始めよう

第6章

一人で生きることと向き合う小さな勇気

第7章

「孤独を恐れる気持ち」と「一人への憧れ」

エピローグ

たとえ一人になっても、長生きできるのは幸せなこと

第1章

一人でも幸福な人

一人でも
べつに困ることはない時代

いまの時代、引きこもりや未婚、独居老人に対して何かとうるさいです。そうならないための対策だとか仕組みだとか、まるで悪いこと、気の毒な境遇というイメージが先行しているような気がします。大きなお世話じゃないのかなとわたしは思っています。

仮に引きこもっても、それで本人が食べていけて一人に満足しているなら何も問題はないはずです。

未婚だからそれがどうしたんだと思う人だって大勢いるはずです。

「モテない、生活力がない、寂しい毎日を我慢していると思われているかもしれないけど、じゃあ、結婚していれば幸せなのか」と首を傾げる人はいくらでもいるはずです。

独居老人も同じですね。

晩年が孤独というのは寂しいだろうとか、何かあったときに頼れる人がいない、誰からも看取ってもらえないなんて「わたしには耐えられない」と同情されたとしても、「そんなこと、とっくにわかっている」と平気な人だっているはずです。

もっと言えば、「じゃあ、社会に出て周囲とうまくやって仲間をたくさん作って、一人になることを怖がって生きるのは幸せなのか」と問いかける人だっているでしょう。「一人がなぜ悪いんだ」という根本的な疑問も生まれてくるはずです。

わたし自身、完全な孤独には耐えられないと思っています。

でも、これだけ生き方が自由になって、個人がそれぞれの人生を選べるようになっている時代に、相変わらず一人は寂しいとか不便だ、もっと言えば不自然だという見方は逆に不自然なような気がします。

たとえばいま、40代、50代でも未婚の男性は珍しくありません。なぜそうなったかについてはいろいろな見方があるでしょう。経済的な問題もたしかにあるかもしれません。でも、コンビニやファストフードの店がこれだけ溢れていると、かつてのような男の一人暮らしにつきまとうわびしいイメージはありません。「一人でもべつに困らないんだけど」という未婚の男性はいくらでもいるのです。

幸せが主観的なら孤独感も主観的

いま、日本の男性の生涯未婚率は28パーセント、女性は18パーセント（2020年統計）ですから、男性の4人に1人以上は一度も結婚しないままで老いていくことになります。

生涯未婚率は男性も女性も近年になって上昇し続けていますが、じつは80年代までは女性のほうが高かったのです。理由はいろいろあると思いますが、料理を含めた家事全般ができる女性は一人暮らしを苦にしなかったというのもあります。男性はそれが苦手ですから何がなんでも結婚しなくてはと思ったのでしょう。

もちろん、男女ともにここまで生涯未婚率が上がったのは経済的な理由があります。日本には昔から「女を食わせられない男に結婚の資格はない」という考え方があり、非正規雇用が増えて経済的な格差が広がると結婚したくてもできない男性が増えるのは当然です。

女性もまた、将来への不安から結婚相手には一定以上の収入を望みますから、どうしても男女ともに未婚率は高くなっていきます。実際、年収別の結婚率は収入の高い層ほど高くなっていて、これは当然といえば当然の傾向になるのでしょう。

でもわたしは、これだけ生涯未婚率が上昇した理由の一つとして、あえて結婚を望まない男女が増えているというのもあると思っています。家庭を持って子どもを育てて家族で暮らすというのが、平凡だけど幸せな人生と信じられてきましたが、一人で暮らして一人の時間を楽しみ、一人で死んでいくという人生にも幸福はあると考える人が増えているからだと思います。

「そんなの寂しすぎる」とか「不幸な人生だ」と思う人もいるでしょうが、わたしが自分の本の中でしばしば書いているように、幸せは主観的なものです。周囲がどう思おうと、本人が幸せだと感じるならそれで幸せなんだというのが現在の心理学の考え方になってきます。

孤独も同じではないでしょうか。

生涯、一人暮らしだなんて寂しすぎるとか不幸な人生だと思う人はいくらでもいるでしょうが、孤独を寂しいとは思わない人、もっと言えば一人のままでも孤独感を持たない人だっています。一人の暮らしに充実感すら持つ人もいます。自分を孤独と感じるかどうかも主観的な問題ではないでしょうか。

自分から選ぶ孤独には
それなりの覚悟がある

ここまでの説明で、わたしの考え方は甘いとか情緒的だという批判は当然あると思います。若いうちはともかく、老いてもなお一人暮らしというのはあまりに寂しいし頼れる人間がそばにいないのだからいつも不安に包まれて暮らすしかないじゃないかと考える人がいるのも当然でしょう。

たしかに、一人を選ぶ生き方にはそれなりの覚悟がいります。

誰にも気づかれないまま死んでしまうかもしれないし、料理でも家事でも身の周りのことはすべて自分一人でやらなければいけません。伴侶がいなければ、お茶を飲むときも食事のときも一人でしょう。

それが寂しいとかつらいという理由で結婚したくなる人と、それでも一人を選ぶ人の違いは結局、孤独を受け容れる覚悟があるかどうかになってくると思います。

こう書くと何だか孤独が持つストイックなイメージが強まりそうですが、じつはそれほど大げさなものではありません。いまの時代、高齢者の一人暮らしには行政の支援がそれなりに行き届いているからです。介護サービスでも在宅医療でも要請すれば相談に乗ってもらえますし、定期的な訪問介護を受けることもできます。

それでももちろん、妻や夫や家族がそばにいないことで不便はあるかもしれません。そのかわり何でも自分でやらなければいけないというのは老化の防止にもつながってきます。実際、わたしも「こんなにボケてるのによく一人で暮らしていけるなあ」と感心するような人を見ることがあります。それだけ頑張って暮らしているということです。

むしろ家族に迷惑をかけていることを負担に感じながら、いつも気を遣って暮らしている高齢者より、生活は不便でも心は自由ということもできます。

もっと言えば、体さえ元気なら好きなときに好きな場所に出かけることもできます。何もしたくなかったら一日、のんびりぼんやり過ごしても誰の迷惑にもなりません。そういう、一人だからできる伸びやかな暮らしが好きなら、覚悟というほどの大げさな決心も要らないはずなのです。

孤独を不健全と決めつける風潮がある

わたしは孤独を賛美するつもりはありません。

一人が好きな人と苦手な人がいます。

それだって二分割できるわけではなくて、同じ人間の中に一人の時間を求めるときと誰かと一緒の時間を求めるときがあります。わたし自身もそうですし、たぶんあなたもそうだと思います。


でも世の中の風潮として、引きこもりや未婚、独居老人を気の毒とか不幸、もっと言えば悪いことだと決めつける雰囲気があります。少なくとも社会問題として受け止める論調があります。そういうのと出合うたびに「ちょっと待って」と言いたくなります。「べつに悪いことじゃないでしょ」と反発したくなるのです。

なぜなら、一人がいちばん楽だから自分から孤独を選ぼうとする人や、「そうなりたいな」と願う人がいるからです。

「仕事は嫌いじゃないしちゃんとやっている。でも自分の部屋で好きなことをしている時間がいちばん楽しい」

その程度の孤独好きなら、少しも珍しくないと思います。

ところがそういう人に、「もっと人とつき合わないと」とか、「人間関係って大事だよ」と忠告する人がいます。大きなお世話ですね。

「閉じこもってばかりいると出会いがなくなるよ。いろいろなチャンスを逃すかもしれないよ」

「いつも一人だと考えが狭くなるよ。人とつき合うから成長していくんだよ」

どれももっともらしい忠告ですが、これも大きなお世話ですね。ネット社会は引きこもっても世界とつながることができます。本を読んだり映画を観たりしているだけでも考えの幅は広がっていくし成長することができます。

でももっと困るのは、孤独を不幸とか不健全と捉える風潮に本人も巻き込まれてしまうことでしょう。誰にも迷惑をかけていない引きこもりでも、「こういうの、良くないんだ」とか「改めないと」と自分で思ってしまったら、一人でいることを楽しめません。後ろめたさを感じてしまったら、かえって不安になってしまいます。孤独は本来、さまざまな生き方の中の一つでしかなく、誰でも自由に選んでいいはずなのです。

「一人の食事は味気ない」なんてウソです

ちょっとリラックスした話題に戻しましょう。

新聞の記事か何かに、日本の料理は一人で食べるのに向いているという話が載っていました。たとえば寿司、そしてラーメンや蕎麦です。

言われてみればたしかにそうで、カウンターに座ってお好みの寿司をあれこれ握ってもらうときは一人がいちばん気楽です。食べたいものを食べたい順に注文し、一息入れたいときにはお茶を飲んだりあっさりしたネタを握ってもらえます。おなかがいっぱいになったらそこで終わりにすればいいです。

誰かと一緒だとそうもいきません。

相手の注文するペースに合わせたり、「ついでだから」と同じものを握ってもらったり、寿司にうるさい人はネタの順番まであれこれ講釈しますからゆっくり楽しめません。

おまけに値段のことも気になります。相手が高そうなものばかり頼むと、支払いは割り勘なのか別会計なのか心配になったりします。

その点、一人なら気楽ですね。おなかの空き具合と予算に合わせて好きなネタだけ握ってもらえばいいからです。ゆっくりしたかったら日本酒やワインを楽しみながら自分のペースで食べることができます。

ラーメンはわたしも大好きですが、ほとんどは一人で食べに行きます。麺もスープも熱いうちに食べたほうが美味しいのですから、誰かと一緒でもどうせ食べているときは話しもできません。それなら誰にも気を遣わないで済む一人がいちばん気楽です。

それにラーメンはズルズルッと麺をすすったりスープを飲んだり（わたしの場合は）、かなりお行儀の悪い食べ方になります。誰かと向き合って食べるとつい気を遣ってしまい、むしろそのほうが味気ないくらいなのです。

昼下がりの蕎麦屋には一人でのんびりとお酒を飲んでいるおじいちゃんとか、誰に気兼ねするでもなくゆっくり天ぷらそばをすすっているおばあちゃんがいます。みんな幸せそうですね。「おひとりさま」がすごく似合います。「ああいうお年寄りになりたいな」とつい思ってしまいます。

一人だから悔いのない生き方を選べることもある

誰かと話しているときに、相手の言葉や考えを聞いて「あ、そうか！」と納得することがあります。一人で考えても答えが出なくて悩んでいるときに、他人のアドバイスが悩みを吹き飛ばしてくれるときもあります。

でも、その逆もあります。

自分で「こうしたい」「こう生きたい」と思ったときに、「それは無謀すぎる」とか「失敗したらどうするんだ」「少しは現実的になれ」と相手や周囲から諭され、逆に悩んだり不満になったりするケースです。どちらが正しいかなんてやってみなければわからないのに、他人や周囲に合わせることで後悔することも結構、多いのです。

一人で生きることを選べば、自分の人生を自分で決めるしかなくなります。何かやってみたいことがあったら、たとえ失敗しても自分一人が被ればいいのですから思い切った行動ができます。

たとえば「一人だからできるんだ」という言い方がありますね。同世代の人間が何かビジネスを起こしたときに、「あいつは独身だから冒険ができるんだ」と突き放した言い方をする人がいます。

「オレたちは家族がいるから、あんな無謀なことはやりたくてもできないよ」

たしかにそうかもしれませんが、家族がいるから寂しさは持たずに楽しく暮らしているとしたら、そういうやっかみは生まれてこないはずです。「あいつらしいな」とか「おめでとう」と祝福してもいいはずです。

でも、そういう素直な気持ちになれず、やっかみの感情が生まれてくるとしたら、その人はどこかで一人の生き方に憧れを持っていることにならないでしょうか。

もしそうだとすれば、最初から一人のほうが悔いのない人生を歩めるということも言えるはずです。もちろん、晩年になって一人を悔いる人もいるでしょう。そこはやっぱり、覚悟の問題のような気がします。

一人のほうがクリエイティブに生きていける

パートタイムの孤独にも同じようなことが言えます。

一人を楽しめる人は、一人の時間が手に入ると「さあ、チャンスだぞ」と勢いづくからです。

「今日は夫がいないからワインをゆっくり楽しもう」とか、「よーし、妻が旅行に出ている間は昔の映画を観まくるぞ」とか、その程度のことでも好きなことに没頭できるのが嬉しくなります。

そのパートタイムがフルタイムならどうなるでしょうか。

たぶん、寂しくなったり時間を持て余す人が出てきます。

でも、フルタイムの孤独を選ぶ人、引きこもっても幸せに生きる人は、一人だから自分の好きなことができると知っています。好きなことだけやって生きるために一人を選んだ人がいます。

そういう人にとって、自分の人生はすべて、自分の好きなように思い描くことができます。一人だからできることは限られているとしても、やりたいことだけやって生きていくことができます。芸術家はそういう人生を選んだ人たちということも言えるでしょう。

あるいは一人で生きる人間が同じ目的で集まったり協力し合うこともできます。映画や演劇に限らず、ビジネスの分野でもクリエイティブな仕事はしばしば、フリーランスが集まって形になっていきますが、自分の役割に没頭するときは完全に引きこもりです。それができるというのは、一人が苦にならない、むしろ一人がいちばん落ち着くという人たちでしょう。

考えてみれば、わたしたちはどんな仕事でも作業でも一人のほうが集中できます。職場には周囲にいつもざわめきがありますが、集中できるときはそのざわめきが消えています。一人になっています。

それを寂しいと思う人はいないはずです。

クリエイティブな時間はいつも孤独。その心地よさはあなたにもわかると思います。

一人なら自分のリズムで生きていける

結局、人間は自分の好きなことをやっているときや、何かに夢中になっているときは一人なんだということです。組織の中にいてもクリエイティブな時間は孤独だし、逆に言えば孤独になれない人にはクリエイティブな時間が持てないということもできます。

もちろんみんなと一緒に、みんなでアイディアを出し合うことで答えが出たり、ベストのプランが生まれることもあります。遊びでも仕事でも、「わたしはみんなとワイワイやったほうが楽しいし夢中になれる」という人だっているでしょう。

だから「自分はどっちなんだろう」と考えてみるのもいいでしょう。一人が好きなのか、苦手なのか、はっきりした答えは出てこなくても、「どちらかといえば一人」「どちらかといえばみんなと一緒」といった傾向的なものならわかると思います。

すると、ほとんどの人は「ときどき一人なら大丈夫」と気がつきます。「たまには一人もいいな」と納得します。

それがどういうときかといえば、心も体ものんびりさせたいときですね。疲れているときや他人の存在が鬱陶しくなるときだと思います。誰かと一緒のときは、どうしても自分のペースやリズムが守れなくなります。相手や周囲に合わせて（もちろんおたがいにそうですが）やっていくことになります。

　ましてそこに職場のような上下関係が入り込むと、リズムだのペースだのと悠長なことは言っていられません。効率とか生産性を考えればこれは仕方がないのでしょうが、そういう生活に慣れてしまうとこんどは一人になっても何かやっていないと落ち着かない気分にならないでしょうか。

　一人が苦手という人は、たぶんそういう落ち着かない気分になるから苦手なのかもしれません。つい「何かやることはないか」と周囲を見渡してしまいます。たとえ引きこもっても幸せに生きていける人は、自分のリズムに合わせて暮らすことの楽しさや穏やかさを知っている人のような気がします。

その日のために一人のリズムは育てておきたい

超高齢社会がこのまま進んでいけば、どんな人の人生にとっても孤独は避けられない境遇になってきます。長く生きれば生きるほど、親しい友人や伴侶がいなくなり、一人になってしまいます。

そのせいもあるのでしょう。孤独を恐れない生き方、孤独を受け容れる生き方の大切さを説く本も相次いで出ています。

でも孤独というのは年齢にかかわらず、若い世代であっても向き合わなければいけない現実ですね。必要以上に孤独を恐れてしまうと、結局はみんなに合わせて生きるしかなくなり、みんなとつながっていることでしか安心感を得られなくなってしまいます。

その安心感があれば孤独を遠ざけることができるかといえば、そうではありません。表面的なつながりがいくら多くても、一人になる時間は生まれます。一人のときもＳＮＳでみんなとのつながりを確かめようとする人は、それだけ孤独を恐れて生きることになります。逆に孤独と隣り合わせの毎日になってしまいます。

「一人が好き」「一人が楽」という人は違います。

たとえ誰かとつながるときがあったとしても、一人になればその時間を愛することができます。自分に合ったリズムで好きなことを楽しんだり、ぼんやりと過ごしても不安は感じません。自分がつながっている人たちのことも忘れています。

そういう生き方が身についている人なら、やがて高齢になって一人きりの暮らしが始まったとしても、悄然《しょうぜん》とすることなく自分のリズムで生きていけると思います。できることは自分でやり、できないことは社会や他人の力を借りるとしても、ゆったりした気持ちで毎日を過ごせるような気がします。

孤独を恐れないとか受け容れると書くと、何か特別の心構えや強さが必要なのかと思ってしまいます。

でも現実には、社会からどう見られようが孤独を幸福に生きている人がいます。その人たちに共通するのは、自分のリズムやペースを大切にしている、暮らしの中のそういう時間を愛しているということではないでしょうか。

だからいまのあなたに大事なのは、せめて一人のときぐらい、自分がいちばん気持ちいいリズムで過ごしてみるということですね。好きなこと、やってみたいことをあれこれ試してみて、「こういうリズムがいちばん合うな」と気がつくことだと思います。

それができたときに、他人とのいろいろなつながりが頭の中から消えて、一人の時間を幸福に過ごせるような気がします。

第2章

大らかな人は一人でも幸せ

僻みっぽさは性格の問題なのでしょうか

高齢者の孤独について考えるとき、ふと浮かんでくる光景があります。

病院や施設に入って、孤独な日々を余儀なくされた高齢者でも幸せそうな人とそうでない人がいます。

幸せそうな人は、たまに訪ねてくる人がいればその時間を楽しそうに過ごしますが、また一人になってもしばらくの間はその楽しさの余韻に浸っているように見えます。

「わざわざ会いに来てくれた。いい時間だったな」と言葉のやり取りを思い出しているようです。

幸せそうに見えない人は逆で、せっかく誰かが訪ねて来てもあまり嬉しそうな顔にはなりません。もちろん不機嫌な顔まではしませんが、会話もあまり弾まないし笑い声も生まれません。

そして相手が帰ってしまうとはっきり不機嫌になります。「何しに来たんだ」とか「これでもう、来ることもないだろう」といった突き放すような言葉を漏らす人もいました。

そういう様子を見ていると、孤独でも幸福に過ごす人とそうでない人の間には、根本的な違いがあるような気がします。簡単に言えば、幸福な人は大らかだし、不幸な人は僻《ひが》みっぽいのです。

そのことを性格の問題と片づけるのは簡単ですが、孤独とのつき合い方を知っている人と、そうでない人の違いもあるような気がします。

一人になったら好きなことを楽しんだり、身の周りのことをのんびり片づけていくような人と、やりたいことは何も思いつかずイライラと過ごす人の違いです。「なぜ自分だけ放っておかれるんだ」とか、「みんなはいまごろ」と考えるとどうしても僻みっぽくなるからです。

「一人にされた」と受け止めるお年寄り

高齢に近づくほど、さまざまなことが不自由になります。足元が不安になったり疲れやすくなったりします。これは誰でも避けられないことですから仕方ありません。

不自由になるとそれだけみんなと一緒に過ごす時間が減ってきます。家族と同居していても、連れ立って外出する機会が減ったり、テンポの速い会話にはついていけなくなったりします。あるいは早い時間に眠くなったり、朝は逆に暗いうちから目が覚めたりします。

こういったことはいまのあなたにはピンと来ない先の話だとしても、若い人と一緒だと相手に気を遣わせてしまうとか、自分が疲れてしまうといった程度の感覚は理解できると思います。

友人たちとのつき合いも同じです。

70代くらいならまだまだ元気ですから集まれば気分は若返り、話も弾んで愉快な時間を過ごすことはできますが、それだって何かのきっかけがなければ集まりません。以前のように気軽に呼び出したり応じたりというつき合いではなくなってきます。

つまり、高齢に近づくほど一人の時間が増えてくるということです。どんなに大家族に囲まれていても、あるいは友人や知人の数が多くても、一人でポツンと過ごす時間が多くなります。

その一人の時間をのんびりと楽しめる人は、自分が除け者にされているという意識は持ちません。むしろ周りに気を遣わなくて済むぶん、ゆったりとした気持ちで過ごすことができます。高齢になればなるほど、一人の時間は穏やかな時間になっていきます。

ところが、一人になることを「一人にされた」と受け止めるタイプがいます。もういい年齢なのに、「留守番お願いしますね」と家族に言われると「外で何か食べてくるんだろ」とか「わたしはどうせ邪魔なんでしょ」と拗《す》ねるような人です。これでは出かける家族も落ち着かない気分になりますが、一人にされたほうもずっと苛立《いらだ》ちながら過ごすしかなくなります。

僻みっぽい人は孤独を不幸に感じてしまう

こういった僻みっぽさは、年齢にかかわらず生まれてきます。

一人が不満な人は、そもそも一人になりたくない人ですから、コミュニケーションが苦手な若い世代よりむしろ、中高年世代に多いかもしれません。

でも、年齢を問わず一人の時間はどうしてもやってきます。みんなの都合に合わせられなくて一人になったり、いつもそばにいる人が一人の行動を選んだときにはどうしても自分だけの時間が生まれてしまいます。

そういう時間を「さあ、一人になれたぞ」と喜ぶ人と、「一人にされてしまった」と腹を立てる人では、孤独の受け止め方がまったく違ってきます。喜ぶ人は孤独を幸福に感じるし、腹を立てる人は不幸に感じてしまうからです。

でも孤独を不幸に感じてしまったら、周りの人間や世の中を恨むしかなくなります。

「わたしだけ一人にして」とか、「わたしだけ除け者にされた」といった怒りが膨らんできます。

小さな孤独、たとえば妻が旅行に出かけて一人にされたときでも、「オレだけ留守番か」とか「自分だけ楽しんで」とか、僻んだり妬《ねた》んだりするかもしれません。

そういう人がもし、何かの理由で仕事を失ったり、あるいはチームやプロジェクトから外されたらどうなるでしょうか。たぶん、会社や上司、同僚を恨むと思います。孤立感も強まるし、意欲だって失ってしまうでしょう。不幸な孤独に耐えるしかなくなります。

孤独でも幸福に生きる人は違います。

どういう孤独であっても、一人になることをチャンスと受け止めます。「さあ、一人になった」「さあ、何をやろうか」と勢い込むのです。

つまり一人をチャンスと受け止めるか、それとも被害者意識を持ってしまうかは、孤独を幸福に生きるか不幸に生きるかの境目ということになります。

競い合いから離れる時間が孤独の準備になる

逆の見方をすれば、いつも誰かと一緒、みんなと一緒のほうが好きという人は、感情的な高揚感を求める人なのかもしれません。

人と一緒のほうが楽しさも嬉しさも大きくなります。一人で喜ぶよりみんなで喜んだほうが感情も昂《たかぶ》ります。

あるいは勝利感や敗北感です。人と一緒のときにはどうしても競い合いの意識が生まれ、相手に勝てば嬉しいし、負ければ悔しくなります。でも、たとえ敗北感を味わったとしても、「次は負けないぞ」とか「もっと頑張ろう」という闘志も生まれます。どちらにしても感情は昂るのです。

そういう「熱さ」が好きな人は、一人でいるよりみんなと一緒のほうが楽しいと思うでしょう。これは、どちらがいいとか悪いといった問題ではなく、ただ単に性格の問題なのかもしれません。

でも、一つだけ言えることがあります。

長い人生を自分のリズムで生きていこうとか、自分のペースを守って暮らしたいと願う人は、競い合いから離れた時間が好きだし大切にしたいと考えます。ときには組織やグループの中で競い合いに巻き込まれるとしても、そういう時間が続けば続くほど一人になりたいと願うのです。

一人になって穏やかな時間を過ごし、心の平静さを取り戻したときに初めて幸福感を持ちます。また競い合いの世界に戻るためにも、そういう穏やかな時間は大切です。孤独は静かにエネルギーを蓄える時間、そういう捉え方があってもいいはずです。

老いるというのは競い合いから自由になること

そしてもっと大切なのは、長い人生だからこそ、いずれは競い合いから離れて自分の心とだけ向き合って過ごす日々が続くということです。受験、仕事、評価や成果や昇進、そういった競い合いも、ある年齢に達すればすべて終わってしまいます。そこからの人生が長いのです。

一人が好きな人は、そういう意味では老いてからの孤独を迎える準備ができていると言えないでしょうか。

ずっと競い合いの中で過ごし、そこで経験する高揚感が生きがいになってきた人に比べて、一人の時間が好きだった人ほど高齢になってからの人生を楽しめると考えることはできないでしょうか。もう誰も構わない、放っておいてくれるというのが望んでいた毎日になるからです。

そのとき、一人になることをチャンスと受け止める人は、生き方がどんどん自由になっていきます。好きなこと、やりたいことだけやって毎日を過ごしても文句を言う人はいません。しかも自分が好きなこと、やりたいことはすべて自分が楽しければそれでいいのです。たとえば楽器や絵や旅行でも、若いうちは上手くなりたいとか他人に自慢したいとか、どこかで競い合いを意識します。

すると心の底から楽しめなくなります。時間のやり繰りも大変ですから、望んだほどの上達も成果もなければ「もういいかな」と諦めてしまいます。諦めるときにもどこかに悔しさや、徒労感を持ってしまいます。

老いてしまえばそんなことはどうでもよくなります。下手の横好きだろうが、八十の手習いだろうが、あるいは日帰りの温泉巡りだろうが、自分が楽しければそれでいいし、飽きたらいつやめてもいいからです。そういう気楽さがありますから、歳をとってから始めたことというのは意外に長続きするものなのです。

一人も好き、みんなと一緒の時間も好きという境地

いまの時代、高齢者の一人暮らしは少しも珍しくありません。都会でも地方でも、夫に先立たれたおばあちゃんが自分で買い物して料理も作ったり、小さな畑で食べる分だけの野菜を作っているというのはありふれた光景です。

そういうおばあちゃんを見ているとと気がつくことがあります。

気丈な感じが少しもしないのです。頑張っているとか張り詰めているという印象がありません。

ムリしないで、できることだけやって、のんびりお茶を飲んだり散歩したり、一人の時間を楽しんでいるという雰囲気があります。高齢になれば以前のようにはいかないことも増えているはずですから、それなりの苦労はあるかもしれませんが、一人暮らしは誰かのためにという義務感から自由になりますから、追いかけられるような忙しさだけはなくなります。

そういうおばあちゃんでも、ふだんは離れて暮らしている子どもたちや孫が訪ねてくると家の中はにぎやかになります。いつもの何倍もの手料理を作ったり、久しぶりに会えば話も弾んで夜更かしになったりするでしょう。

それはそれで楽しい時間です。目を細めて孫の成長を喜んだり、子どもたちとの思い出話に花が咲きます。いつもは静かな家の中に笑い声が響き渡って、おばあちゃんもそのにぎやかな時間を幸せそうに過ごしています。

でもほんの何日かで、家の中はまた静かになります。子どもたちが帰ってしまうと、いつものように静かでゆっくりした時間が続くようになります。

そのとき、おばあちゃんは少しも寂しそうではありません。「さあ、また一人でのんびりやっていこう」という安堵の様子さえ見えます。手を休めながら家事をこなし、お気に入りの場所で気の向いた時間にお茶を飲んで静かな一日を楽しんでいます。

思い出に遊ぶ時間は高齢になってからの楽しみ

一人暮らしの高齢者はみなさん、「結構、忙しいもんだ」と言います。「こう見えて、毎日やることがあるから退屈しているヒマはないよ」と胸を張ります。

たしかにそうなんだろうなと思いますが、かといって忙しそうには見えません。動きはゆったりしているし、ムリはできなくなっていますから、一息入れながらの動作になるせいなのでしょう。

そして、その一息入れる時間がだんだん増えてくるのが、高齢になるということなのでしょう。一時間の散歩に出かけても、歩いている時間より陽だまりのベンチに腰かけている時間のほうが長くなってきます。

そういう時間に、幸せそうな顔をしているお年寄りはもしかして、いろいろなことをふと思い出し、その思い出の世界に遊んでいるのかもしれません。もちろん、幸せそうな顔をしているのですから、いい思い出なのでしょう。じつは高齢になるに従って、嫌な思い出は消えていい思い出だけが甦ることが多いというのが、老年精神科医としてのわたしの実感になります。

ただしここでも、不幸な孤独があります。

思い出すのが過去の名声とか有能だった自分、自信に満ちていた時代という人は、「それに比べていまは」という苦々しい気持ちや寂しさしか感じなくなってしまうからです。たとえば出世して大勢の部下を従えていたような人は、誰も訪ねてこない日々が続くと自分が惨めな気持ちにさえなるかもしれません。

そうなってくると、思い出に遊ぶこともできないし、一人の時間をゆったりした気持ちで過ごすこともできなくなります。

一人になっても幸せな高齢者には共通点がある

でも同じように大勢の部下を従えてきたような人でも、高齢になって一人の時間を穏やかな気持ちで過ごす人がいます。過去の自分を思い出すことはあっても、そのことでいまの自分を情けなく感じたり、寂しさに包まれてしまうこともありません。過去は過去、いまはいまで幸せな時間だと受け止めることができる人です。

いったいどこが違うのでしょうか。

じつはこういう高齢者はどういう境遇になっても慕われているという現実があります。

ときおり(ほんとうにときおりですが)、かつての部下や後輩が訪ねてきます。あるいはかつての同僚が「おたがい、いいじいさんになったな」と言いながら顔を見せてくれます。いくつになっても人間関係に恵まれているのです。

なぜ慕われるのかといえば、現役時代から部下の面倒見が良かったり、周囲と朗らかにつき合ってきたからです。ビジネスの世界ですからときには厳しい顔にもなったでしょうが、基本的には大らかな性格で他人に恨まれるようなことはなかった人なのです。

さっき一人暮らしをのんびり楽しんでいるおばあちゃんの話をしました。同じことはこのおばあちゃんにも言えるはずです。高齢になっても家族に慕われるおばあちゃん、おじいちゃんにはやはり共通するものがあるからです。大らかに家族に接してきた人は、いくつになっても慕われるし、一人になっても幸せな時間を過ごしていくということです。

自分の心と向き合う時間を大切にしてきた人

では、そういった一人になっても幸せな高齢者は現役時代にどんな生き方をしてきたのでしょうか。

老いれば孤独になっていくことは誰でもわかっています。

その孤独を不幸に感じたり僻んで暮らすより、幸せに過ごしたいと願うのは誰でも同じはずです。

では、そうなるためにはいま何を心がければいいのか、あるいはいまできることが何かあるのかという問題は、そろそろ老いを意識し始める世代にとっては大事なテーマになってくるはずです。孤独について考えることも、高齢になってからの幸福感について考えることも、60歳を既に超えたわたしにとっては同じテーマになってきます。いまをどう生きればいいのかという問いに行き着くからです。

わたしなりに出した答えは、いくつであっても「一人の時間を大切にしよう」ということです。ここまでにも何度か書いてきたことですが、一人になったときの伸びやかさとか、自分のペースで過ごせる楽しさとか、そういった世界の心地よさに少しずつ馴染んでいこうということです。

たぶん高齢になっても慕われる人には、そういう一人の時間を楽しむ習慣があったのだと思います。みんなと一緒に過ごす時間もそれなりに楽しむことができ、一人になればなったで自分だけの時間を楽しめた人です。

一人になれば自分の心と向き合い、誰かと一緒のときには心の通い合いを楽しめた人です。静かな時間とにぎやかな時間の両方を楽しめた人です。

人と一緒の時間はどうしても心がざわめきます。楽しいことばかりではありません。

でも一人になって自分の心と向き合うことができれば、静かな気持ちが戻ってきます。

それによって、他人との穏やかなやり取りを楽しむことができた人ということになります。

一人になってみると気がつくものがあります

わたしたちが平静な気持ちになったり、感情の昂りが収まるのはどういうときでしょうか。

一人になったときですね。

人と一緒のときはどうしても感情が揺れ動きます。楽しいときもある半面、腹が立ったり競争心が強まったり、あるいは劣等感を覚えたり羨んだりします。心がざわざわすることが多いのです。

そのざわざわした心も、一人になってゆっくりお茶を飲んだり、好きな音楽を聴いたり雑誌を読んだりしているうちに落ち着きます。ペット好きはすり寄ってくる猫を撫でたり犬が甘えてくる様子を眺めているだけで安らいだ気持ちになります。

そういうときですね。

「つまらないことで怒ってしまったなあ」とか、「あんなことで他人に嫉妬するなんて」と自分が恥ずかしくなってくるのは。

「彼女だって、べつに悪気があって口にしたわけじゃないんだし」

「彼は彼で、仕事が遅れているからイライラしていたんだろうな」

冷静になって考えてみれば、相手にも相手なりの事情があったことに気がつきます。

つまり人から離れて一人になったときに、気がつくことが出てくるのです。

人と一緒のときにはどうしても感情が交差しますから、些細なことでその感情が膨らんだりしぼんだりします。

でも一人になると、自分の感情を静かな気持ちで見つめたり振り返ったりすることができます。怒りはとくにそうで、一人になると鎮まるのも速いのです。孤独な時間のいいところは、そういう平静な気持ちを取り戻せることでしょう。

疲れているときや息苦しさを感じるとき、あるいはイライラしているときほど、人から離れて一人になりたいと思うのも、心が静かな時間を求めるからでしょう。一人が好きな人は、自分の静かな心と向き合うのが好きな人ということもできます。

一人でも幸せな人は笑顔で人と向き合える

僻みっぽい人はどうでしょうか。

一人になると「なぜ自分だけ」と考えます。

「いまごろみんなは」と考えてイライラしてきます。

そういう状態で人と会っても不機嫌な顔しかできません。

誰かが訪ねて来たときでも同じです。ずっと一人にされたという気持ちがありますから、不愛想な態度を見せてしまいます。すると相手も「この人と会っても楽しくない」という気持ちになります。

公園のベンチや街中の陽だまりで幸せそうに過ごしているおばあちゃんやおじいちゃんをよく見かけます。

そういうお年寄りを見ていつも思うのは、「きっと家族や孫と一緒のときも嬉しそうな顔をしてるんだろうな」ということです。一人でも幸せな人は、誰と一緒のときでも笑顔を浮かべているのでしょう。

まず小さな孤独に慣れましょう。

好きなこと、やってみたいことを誰にも遠慮しないで存分に楽しめる時間を作っていきましょう。

一人ぼっちには長く耐えられなくても、自由が嫌いな人はいません。

自分がつらくならない程度に、一人の時間を楽しむ習慣を作ってみてください。

第3章

「ときどき一人」に慣れていこう

孤独は誰からも支配されない幸福な時間

高齢に近づいて人間関係も希薄になるというのは、決して悪いことだけではありません。

流れとしてはごく自然なことですし、少しずつ孤独を受け容れる心構えができていくからです。

したがって、たとえ年齢が若くても、いつも同じグループや同じ人間とだけつき合い、そこで周囲や相手に合わせてしまう自分がいると気がついたら、ときには思い切って一人になることも必要だと思います。

仲間外れにされたくないとか嫌われたくないという気持ちがあったとしても、誘いを断ったぐらいでほんとうに仲間外れにされるならあなたはやっぱり支配されていたということですね。

対等のつき合いだと思っていた友人が機嫌を損ねたとしたら、相手はやっぱりあなたを支配していたつもりの人だったということになります。

そしてたぶん、そういう関係の息苦しさとか拘束感については、あなたも気がついていたと思います。ただ単に、孤立することや一人になってしまうことを恐れていただけなのかもしれません。

そうだとすれば、試してみてください。自分からそのグループや相手に近づかないだけでいいです。もし声が掛かったら、一度でいいから誘いを断ってみてください。これは勇気というほどのことではありません。誰だって自分の時間や生活は大事ですから、都合のつかないときも当然あります。

その当然のことをいちいち問い詰めるようなグループや相手なら、あなたを支配したつもりになっているということです。ポンと蹴ってしまいましょう。

それで自分から一人の時間を過ごすことができたら、孤独は少しも寂しくありません。むしろ胸を張って過ごしていい誇らしい時間になります。「どう思われるかな」とか「気まずくなるかな」といった不安が生まれたとしても、「そのときはそのとき」と割り切ることもできます。

なぜなら、他人の支配から抜け出して孤独を選んだときに、初めて自由な時間、誰にも気兼ねしなくていい伸び伸びとした時間が生まれるからです。「さあ、何をしようかな」という解放感こそ、孤独がもたらす幸福になってきます。

友人の数を水増ししていませんか

年齢を重ねるに従って、友人の数はポツリポツリと減ってきます。いろいろな理由で、これは仕方のないことです。

では、あなたが若かったころにはたくさん友人がいたのでしょうか。

「若いころなら声をかければ一緒に飲んだり食べたりする友人が何人もいた」と答えるかもしれませんが、同時に少し首を傾げるかもしれません。

「Aさんとは確かに仕事が終われば食事したり、飲み会でも隣同士になることが多い。でも友だちだったかと言われると、どうなんだろう」

「グループのつき合いだから何人かの人とも話すけど、その人たちがみんな友人というわけではなかった」
つき合いはあるし、嫌いなわけでもない。
かといって友人と呼ぶほど親しくはない。そんな微妙な関係です。職場や学校のつき合いには多かったと思います。

職場でしたら仕事や上司の話、学校でしたら授業や先生やクラスメイトの話でそれなりに盛り上がるけど、自分からプライベートな話題を持ち出すことはないし、相手に尋ねることもない。そういう表面的なつき合いだけだとしたら、やっぱり友人とか友だちという言葉は当てはまらないような気がします。

孤独とか孤立という言葉には、一人ぼっちで友だちがいないとか、グループや組織の中でもポツンと浮いた存在というイメージがあります。寂しい人間、誰からも相手にされない人間というイメージですから、あまり自分のことだとは思いたくありません。

するとどうしても、「わたしには友だちなら何人もいる」とか「オレ、仲間は多いほうだ」と言い聞かせたくなります。そういうときには、いつもつき合っている職場や学校、サークルの仲間の顔が浮かんできます。

あるいはＳＮＳでつながっている仲間たちもみんな、友人だということにしたくなります。「一応、友だち同士になってるし」とか「意見も合うしわたしをフォローしてくれるし」と考えればただの知り合いではなく友人、そう思いたくなってきます。

そういう場合は、友人の数を水増ししていたのかもしれません。

一人が好きな人を羨ましいと思うときがあります

孤独を恐れようと恐れまいと、じつはほとんどの人が孤独を感じているのかもしれません。そのことを認めたくなくて、あるいは忘れてしまいたくて、「わたしにはこれだけたくさん友人がいるんだし」と思おうとしているのかもしれません。

でも、「ほんとうの友だちって意外に少ないものだ」と気がつけば、孤独な時間というのは誰にとってもありふれた時間なのだとわかってこないでしょうか？

いつもの仲間やグループのみんなとおしゃべりしていても、一人ひとり、考えていることは違うかもしれません。

みんなが「そうだね」と頷いていても、誰かの意見に合わせているだけかもしれません。

つまり、現実であれネット上であれ、輪の中に入っていても孤独な人はいくらでもいるということです。輪の中にいることで、孤独を紛らしているということです。

それくらいなら、いっそのこと、輪を抜け出して一人の時間を楽しんだほうがはるかに気分がいいはずです。誰にも気兼ねしなくていいし、好きなこと、やりたいことだけやっていればいいからです。「そうしたいな」と考えるときもきっとあるはずです。

わたしは孤独に慣れたり親しんだりするコツは、「ときどき一人」を自分から受け容れることだと思っています。いわばパートタイムの孤独です。いつも一人はつらい、寂しいと感じている人でも、同じくらい「いつも誰かと一緒はつらい、息苦しい」と感じているのですから、自分からその「誰か」やグループから離れてみることはできるはずです。

それがなかなかできないという人は、たぶん、離れたとたんに「いつも一人」になってしまうと恐れているのでしょう。

だとすれば、やっぱり拘束されているし、支配されていますね。

だからではないでしょうか。

ときどき輪の中から消えてしまう人、「今日はいないんだ」と気づかせてくれる人が羨ましくなるのは。「わたしよりずっと自由に生きている」と感じてしまうのです。

ほんとうの意味での友人は貴重な存在

いまのあなたにもし、「彼は大事な友人だ」とか「彼女とはこれからも友だち同士」とはっきり言える友人がいたとしたら、とても幸せな人だと思います。その人との時間が好きだし愛せる人だからです。

ほんとうの友人なら、おたがいを拘束することはないし、もちろん支配関係もありません。何でも言い合える関係ですから意見が食い違ったり、ぶつかったりするときもありますが、相手が好きだし認め合っているのですから感情的になることもありません。たまにケンカもするでしょうが、どちらからともなく「ちょっと言い過ぎたね」とか「こっちも悪かった」と声を掛け合います。

わたしにはたぶん親友と呼んでいいつき合いの友人がいます。

彼はふだん大阪ですから、たまに上京するとふっと「空いてるか」と電話が来ます。

「空いてへん、ごめんな」とせっかくの誘いを断るときもあるし、「ちょっと遅なるけどいい？」とこちらの都合に合わせてもらうときもあります。これはわたしが大阪にでかけたときも同じですからおたがいさまなのです。

もちろん会えば話は尽きません。たまにしか会えないから「そういえば」と話題が次から次に出てきて愉快な時間が過ぎていきます。

そういう友人がいて恵まれているなと思うのは、たとえ一人の時間が寂しくなったとしても、「あいつとならいつでも会えるんだし」と思うだけで孤独感が消えてしまうからでしょう。耐えられなくなったら「元気か」と電話するだけで話が弾み、気持ちも弾んできます。

つまりほんとうの友人が一人いるだけで、自分は完全な孤独ではないと気がつきます。だから一人の時間が好きになれるし、みんなの輪に入らなくても孤立感は生まれません。ときどきふっと姿が消えてパートタイムの孤独を楽しんでいる人は、案外、いい友人に恵まれている幸せな人かもしれないのです。

老いてから自由を持て余す人、楽しむ人

わたしたちは協調性とかチームワーク、あるいは場の雰囲気をどうしても優先させてしまいます。組織の中にいる限り、それはそれで大切なことかもしれませんが、それを優先させてばかりいると自分を抑えたり、自分の考えや意志、

やってみたいこと、好きなことがどんどん小さくなってしまいます。

そういう日々が続くとどうなるでしょうか。

短い年月ではありません。小学生のころからみんなと仲良くしなさい、わがままはいけない、和を乱してはいけないと教わり続け、社会に出れば組織の上下関係にもがんじがらめにされてひたすら周囲に合わせて生きるのですから、やってみたいことも好きなこともただ思い描くだけになってしまいます。

それで定年を迎えて、「さあ、自由になったぞ」「好きなことができるぞ」と意気込んだとしても、何をやればいいのか思いつきません。あれこれやってみたいことはあったはずなのに、具体的な手がかりも計画も浮かんでこないし、かつてのような情熱もなくなっています。


自由も同じですね。

仕事から解放され、煩わしい人間関係からも解放されてやっと自由な一日が手に入ったはずなのに、それをどうデザインすればいいのか思いつきません。有り余る時間を持て余すだけになってしまいます。男性の場合はとくに、そういう例が多いのです。

でも現役を退いてからの自由を満喫する人もいます。

あれこれやってみたいことに取り組み、それを一つずつ実現させ、生き生きと暮らす男性も珍しくありません。どこでどう違ってきたのでしょうか。

わたしは結局、現役のころから一人を楽しめたかどうかだと思います。会社や家族からも離れて一人になり、自分がやってみたいことをしてきたかどうかの違いではないかと考えています。

いまの時代は65歳までは雇用することが一般的になっていますが、最後の数年間を「離陸準備期間」と考えてもいいですね。

そこで一人を楽しめた人なら、「ああ、もっと時間があればなあ」と思います。

一人でも幸せに過ごせた人なら、「ああ、もっとこの時間が続けばなあ」と思います。

そういう人なら、ほんとうに仕事の一線から退いたときに、「さあ、何から始めようか」という心意気だって生まれてくるはずです。

若くても「一人を選ぶ」という矜持は持っていたい

ときどき一人になってみる、自分から孤独な時間を作ってみるというのは、自分自身の心と向き合うためにも大切な習慣だと思います。周囲の雰囲気に合わせたり、相手の主張に従ってばかりいると、自分がほんとうにやってみたいことや好きなことはいつも後回しにされ、やがては忘れてしまうことだってあるからです。

たとえば「そんなのいいじゃないか」とか、「いつでもできるでしょ」と言われることがありますね。

「今日は真っ直ぐ帰ってシチューでも作ろうかな」とつぶやくと、「そんなのいいじゃん」と遮られます。「休みの日にでもやればいいでしょ」と押し切られてしまいます。

じつはそういうとき、ほんとうはシチューを作りたかったわけではなく、ただ誘いを断りたかっただけかもしれません。「一人になりたい」という気持ちが大きくなっていたのです。

そこでもし、自分の気持ちを裏切って相手や周囲に合わせてしまったら、いくら美味しいものを食べておしゃべりしても楽しくありませんね。何か大事なものを失ったような気持ちになるかもしれません。自分のプライドとか、守りたかった世界を売り渡したような気持ちにさえなってきます。

一人になりたかったら一人になる。

これは自分の中の大切なものを守るという、最低限の矜持《きょうじ》になってきます。それが実行できたときに、スッキリした気持ちになります。

わたしはこういう経験は若いころにこそ必要だと思っています。いちばんセンシティブ（感じやすいこと）で傷つきやすい年代だからこそ、自分の中の大切なものだけは守ってほしいからです。そういう経験を重ねていくことで、孤独や孤立を恐れない気持ちが育っていきます。年齢を重ねても、自分がやってみたいことを見失わないで生きていけるような気がします。

一人になると自分が何をやりたいのかわかってくる

孤独な時間は自分の心と向き合う時間です。

寂しがり屋さんには苦手な時間かもしれません。すぐに退屈して誰かに会いたくなるかもしれません。それならそれで、「わたしは一人が苦手なんだな」と気がつきます。すでに書きましたが、一人が好きな人もいれば苦手な人もいるのですから仕方がないと思います。

そしてもし「一人が苦手なんだ」と気がついたら、「じゃあ、何ができるかな」と考えるでしょう。誰かと組んだり、仲間を集めたり、あるいは新しい人間関係を作ったりして自分にできそうなこと、やってみたいことを思い浮かべることができます。つまり、一人の時間は作戦タイムです。

一人が好きな人や孤独を苦にしない人なら、自分の心とゆっくり向き合うことができます。「わたしがほんとうにやってみたいことは何だろう」とか、「一人でできることって何だろう」と自問自答していくと、いくつかの答えが見つかります。

誰かと一緒にいたりグループの中にいると、自分がやりたいことはなかなか思いつきません。思いついてもその場では言い出せなかったり、すぐに実行することができません。

でも一人なら、思いついたことをその場で試すことができます。すぐに実行できなくても、調べたり計画を立てたりすることはできます。たとえば旅行のプランなら、一人のほうが自由に計画できるし、小さなビジネスだって自分にできそうなことを調べていくぐらいはできます。

もちろんそういう具体的なことまで思いつかなくてもいいです。ただぼんやりと、「わたしがほんとうにやりたいことって何だろう」と自問自答していくだけでもいいです。すぐに答えが出なくても、一人になって自分の心と向き合っているとだんだん、ぼんやりとしたイメージだけでも浮かんでくるはずです。

「そういえば、子どものころに小さなパン屋さんをやってみたいって思ってたな」

その程度のことでも、ヒントにはなりますね。

そこから広がってくる世界がきっとあるからです。

「久しぶりにパンを焼いてみようかな」

思いついたことができる時間って素敵だなと気がついたら、あなたは一人でも幸せに生きることができるはずです。

そういう時間が、老いることで一日の中に少しずつ増えてくることに気がつけば、「悪くないな」という気持ちになります。老いることも悪くない、一人の時間が増えることも悪くないという気持ちになれると思います。

第4章

人に会いたいときは、寂しいとき

我慢する孤独はつらい

どんなに一人が好きな人でも、ときどきふっと寂しくなります。

いちばん不思議に思うのは本人でしょう。

「どうしたんだろう。急に一人がつまらなくなった」

本を読んでも映画を観ても集中できません。部屋の中を見渡しても、やりたいことは思い浮かびません。好きだったはずの一人の時間に退屈を感じています。

そういうとき、ふと浮かんでくるのが親しい友人の顔です。

「あいつ、どうしてるかな」とか、「彼女、元気かな」と思うと会いたくなります。

顔を合わせて他愛のないおしゃべりをしたり、美味しいものを食べたりお酒を飲みたくなったりします。そういう時間が無性に恋しくなるのです。

どうしますか？

思い浮かぶ人の顔があれば、連絡しますね。電話でもＳＮＳでも、「どうしてる？」とか「会いたいね」と声をかけます。相手も「久しぶりだね」「いまから会おうか」と応じてくれます。

あなたはもしかすると「そんなに都合良くいくものか」と思うかもしれません。たしかにそうでしょう。相手にも都合がありますから、こちらに合わせてくれるとは限りません。「今日はちょっとムリなんだ」とか「明日なら空いてるよ」といった返事があるかもしれません。たとえ親しい友人だとしても、会いたいときに会えるとは限らないのです。

それでもいいんじゃないかなとわたしは思います。寂しいから誰かに会いたい、親しい人間に甘えてみたいという素直な気持ちに従っただけなのですから、連絡してみた、声が聞けたというだけでホッとすることができるからです。

一人がつまらなくなるときは誰にでもある

でもそういうときに、寂しい気持ちをごまかしたり押しつぶそうとする人もいます。

「人と会ってもしょうがない」とか、「一人ぼっちと思われるのは嫌だ」「断られたら余計に寂しくなる」と考える人です。

これだけは誤解してほしくないのですが、一人でも幸せという人は決して強い人ではありません。孤独に耐えて一人の世界を守っている人ではありません。

一人のほうが楽だから、好きだから一人で過ごしているだけで、寂しくなったりつまらなくなったときにはいつでも気軽にそこから抜け出すことができます。気の合う人間や親しい人間と食事をしたりお酒を飲んだり、そういうにぎやかな時間を過ごせば、「やっぱりみんなと一緒だと楽しいな」と思います。

それから拗ねたり僻んだりする人でもないと説明しました。一人のときに「みんなはいまごろ」とか「わたしは除け者」といった被害者意識は持たず、自分が好きなことをしている間は他人のことを忘れています。

でもやっぱり、ふと寂しくなったりつまらなくなったりするのです。「あいつの顔が見たいな」とか「彼女とお茶でも飲みたいな」と、思い浮かべてしまう人がいます。その人に電話してみる、連絡してみるというのも、一人が好きな人には楽しい思いつきになってきます。ひと言で言えば、大らかで屈託がないのです。

勝手と言えば勝手ですね。そのときの気分に従って動いているのですから、他人からしてみれば「こっちにも都合があるよ」と言いたくなります。でも、憎めません。久しぶりに会えば会ったで機嫌良く向き合ってくれる人だからです。

寂しさは何かにしがみつきたい気持ちを起こさせる

じつは孤独には罠があります。

一人が好きな人ほど、つい踏んでしまう地雷のようなものがあります。

ここまで、一人になることや一人で過ごすことの楽しさばかり書いてきましたから、いまさら罠だの地雷だのと言われても困惑するかもしれませんが、一人を幸せな時間にするためにもこれだけは覚えておいたほうがいいのです。

寂しくなったときに、それを我慢すればどうなるでしょうか。

好きなことも飽きてしまえば退屈になります。話し相手もいなければ何かで気を紛らすしかなくなります。寂しさを忘れさせてくれるものがあれば、それにしがみつきたくなります。

たとえばアルコールです。あるいはゲームやスマホのように一人を忘れさせてくれるものです。依存症が孤独の罠になってくるのです。

精神科医の立場から申し上げれば、寂しさや孤独感は依存症の最大の原因になってきます。お酒を飲む場合でも、みんなと一緒のにぎやかなお酒でしたらあまり問題はありませんが、一人きりで飲むようになると依存症に近づいていきます。アルコール依存の治療は一人で取り組むより集団で取り組んだほうが効果があるとされるのも、仲間がいれば寂しさが薄れるからです。

一人でお酒を飲んではいけないという意味ではありません。たとえ一人でも、自由な時間を心から楽しめるような人、好きなことややりたいことだけやって一日が終わるような人でしたら、静かな気分で大好きなワインやウイスキーを飲むのも楽しい時間でしょう。あくまで一般論ですが、そういう人がアルコール依存症になることはあまりありません。

でも寂しさを紛らすために飲むお酒は、依存症へとつながっていくことが多いのです。

老いは依存症へのきっかけも運んでくる

あまり表面化することはありませんが、じつは高齢に近づく世代でも依存症は他人事ではありません。寂しさが原因だとすれば、人間関係が希薄になってくる60代後半とか70代以降というのは、しばしば依存症に陥るケースが見られるからです。男性の場合、とくに注意していただきたいのがアルコール依存です。

現役時代には仕事があります。朝は決まった時間に出社しなければいけません。退社後にお酒を飲むとしてもほとんどが同僚や仕事の仲間と一緒です。

休日も家には妻や子どもたちがいます。お酒を飲むとしても晩ご飯のときで、これも家族と一緒です。どんなにお酒が好きな男性でも、一人で飲む時間というのは限られているのです。しかもべつに、寂しさはありません。

定年で会社を辞めるとどうなるでしょうか。

まず社会的な拘束がなくなります。

年代的に子どもたちも家を出て妻と二人暮らしが増えてきます。

これだけでもう、依存症のきっかけとしては十分なのです。一日がまるまる自分の時間になってしまえば、好きなときに好きなだけお酒が飲めます。

しかも大勢で飲む機会は少なくなり、一人で飲むことが多くなります。

女性は年齢を重ねても社交的で、人づき合いもありますから家を留守にすることが多くなります。ますます男性は一人にされてしまう時間が増えてくるのです。

そこにもし、アルコールが入り込んだらどうなるか、これは簡単に想像できると思います。まして一人にされると時間を持て余したり、自分だけ除け者にされたような被害者意識を持ってしまう男性は、お酒で気を紛らすしかなくなってしまうのです。

なぜ男性は女性より人づき合いが苦手になるのか

それにしても不思議なことがあります。高齢になると男性ほど引きこもりがちになってしまうのです。

女性はむしろ逆で、30代、40代のころは子育てや家事に追われて家庭の外に出る機会が減ってしまいます。ママ友がいたとしても会える時間は限られています。それ以上の人間関係はなかなか広がってきません。

それに比べれば男性には仕事を通じたつき合いや昔からの交友関係があって、現役時代は幅広くそのつき合いをこなしています。

定年を迎えて時間が自由になったら、いままで以上にそのつき合いが広がってもいいようなものです。かつての同僚とだって積もる話はいくらでもありそうなものなのです。

ところが70代ともなると、体は元気なのに人と会おうとする気持ちがふっつり消えてしまう人が多いのです。家の中に閉じこもって妻だけを相手に暮らす男性が増えてきます。最近はそれでもボランティアや地域の活動に参加したり、趣味やスポーツの集まりに顔を出す人も増えてきましたが、全体から見れば一部の男性に限られています。

それに比べて女性はどうでしょうか。

50歳を過ぎたころからどんどん活動的になっていきます。子育ても一段落して時間ができたというのもありますが、グループで集まって食事をしたり旅行に出かけたり、あるいは個人でも英会話とかヨガとかフラダンスとか、やってみたいことを積極的に始めます。そこでも新しい人間関係が広がっていくのです。60代、70代、80代とますます元気に、行動的になっていく女性が多いのです。

なぜこんなにも違ってくるのでしょうか。

その理由をいままでは男性の社会的な面子とか、プライドのせいだとしていました。男はどうしても序列にこだわるので、自由な人間関係を作れないという考え方です。でも最近は、どうやらそれだけではないということがわかってきました。

わかってしまえば単純な男性の引きこもり

経営者とか政治家とか、70歳を過ぎてもまだ現役で社会的な地位の高い男性でも、やはり人とのつき合いが億劫になったりいろいろな場所に出かけるのが苦手になってくるというケースはしばしばあります。50代、60代のころまではエネルギッシュに人と会い、交友関係を広げてきた人が多いのですから、本人も落ち込みます。

わたしは精神科医として個人クリニックも経営していますからそういう男性の診察もしますが、調べてみるとわかってくることがあります。男性ホルモンの数値がはっきりと低下しているのです。

でもこれは、生物学的にはごく自然な現象で、ほとんどの男性は40代を過ぎるころから男性ホルモンが減少してきます。女性は逆で、更年期以降、つまり50代を過ぎるころから男性ホルモンが増えてきます。といっても分泌量が増えるわけではなく、女性ホルモンの分泌が減少するので相対的に男性ホルモンが増えるというふうに考えられていたのですが、東日本大震災の後のホルモンの変化の調査で女性は男性ホルモンの分泌の絶対量が更年期以降増えることがわかってきたのです。

それぞれのホルモンについて説明すると長くなりますが、外に出るのが億劫になるとか人と会いたいという社交性がなくなるのは男性ホルモンの減少とも関係があります。なぜ高齢に近づくと男は引きこもり、女は外に出るのかという謎も男性ホルモンを持ち出せば簡単に説明できるのです。

では、ホルモン治療を受ければどうなるのか。

これははっきりとした結果が出ます。人と会うのにも意欲的になるし、出かけるバイタリティも戻ってきます。まだまだ閉じこもるわけにはいかない男性にとって、ホルモン治療というのは如実な効果をもたらします。わたしのクリニックでももっとも速効性があり喜ばれる治療です。

じつはこういったことがわかってきたのはつい最近のことです。そのせいもあってホルモン補充療法はごく一部の男性にしか利用されていませんが、もう一つ、利用者が少ない理由があります。日本人はどうも、そういった人為的な治療に対して抵抗を感じることが多いのです。頭髪が薄くなってもカツラをつけることに抵抗を感じるように、一種の反則意識を持ってしまうのでしょう。

不幸な孤独だけは避けてもらいたい

同じように人と会うのが嫌になって閉じこもる原因として、うつ病があります。これも60代後半から70代以降の男性にしばしば見られる症状なのですが、周囲は「気難しくなった」としか思いませんし、本人も何となく落ち込んでいるだけですから気がつかないことが多いのです。

そういうときでも治療を受けて薬を飲んだりするだけで多少は時間がかかりますが、気分が上向きます。

一人でも幸せな生き方をテーマにしながら、なぜこういう説明を繰り返しているのか首を傾げる人がいるかもしれませんが、高齢になってくると孤立したり、孤独な毎日を寂しく感じながらも何となく一人で過ごしているという人が増えてくるからです。いわば不幸な孤独です。

精神科医として、それだけは抜け出してほしいし、抜け出す方法があるということも知ってもらいたいのです。わたしが提案する一人でも幸せな生き方というのは、「寂しくなったらいつでも外に出て人と会う元気を失っていない」ことが前提になるからです。

たとえば企業の経営者のように、社内の人間や社外の人間が次々に訪ねて来ていつも誰かがそばにいるような人は、一人の時間を何とか作ろうとするはずです。そこで頭を空っぽにして好きなことを楽しんだり、ただぼんやりと過ごしているだけでものすごくホッとするだろうと思います。

でもそういう人たちが一人の時間を大切にできて、しかも幸せに過ごせるのは、いつも慌ただしい時間、次から次に人と会う時間が待ち構えているからですね。むしろそういう時間のほうが圧倒的に多いはずですから、一人の時間が貴重なのでしょう。

　定年を迎えて一人の時間が増えてくる年代の人は逆です。一人の時間が圧倒的に多くなります。その時間を寂しく感じるときもあるから、人と会うのが楽しみになったり、みんなと集まってにぎやかに過ごしたくなるのです。

　そういう元気さえ失わなければ、一人の時間には自分の好きなことを楽しめます。寂しさに耐えながら閉じこもってしまう孤独は、少しも幸福感を持てない時間なのです。

高齢になると人と会いたい気持ちを隠してしまう

先ほどホルモンの話をしました。男性は40代から男性ホルモンが減少し、女性は更年期のころから男性ホルモンが相対的に増えると説明しました。

実際、女性は60代、70代とますます社交的になり、人づき合いのハードルも低くなってグループ旅行にもどんどん出かけます。そういう様子を見ると、「女は元気だな」と感心するしかないのが家に残された夫たちですが、妻に「あなたも出かければいいじゃない」と反論されるとつい「気が進まない」とか「男はいろいろあるんだ」と答えてしまいます。

そういう返事を聞いたときの妻の反応もほぼ同じですね。「男って面倒ね」

でおしまいです。

では、男性は高齢に近づくと人と会いたい気持ちが薄れてくるのでしょうか。

そんなことはないはずです。古い友人、かつての仕事仲間、あるいは中学・高校の同級生、ときおり浮かんでくる顔ならいくつもあるし、「あいつ、どうしてるかな」と思うことも多いはずです。でも、自分から出かけて会いに行く気持ちにはなれません。そのことじたいは、男性ホルモンの減少という生物学的な理由で説明できるのです。「出かけるのが億劫」とか「わざわざ連絡する気にはなれない」という気分的な落ち込みです。

つまり、人と会いたいという気持ちはあっても、それは自分で隠してしまいます。「会いたいなら会えばいいじゃないか」と気がついても、それができないのですから「べつに会いたいわけじゃない」と思い込もうとするのです。

でも、そこで一つだけ気がついてほしいことがあります。

あなたが会いたいと思った誰かも、やっぱり同じ気持ちだということです。

「男って面倒ね」と突き放す女性たちは、人に会いたい気持ちを少しも隠そうとはしません。だからすぐに、呼応してくれる仲間が集まるのでしょう。

なぜか返ってくる「わたしも会いたかった」という言葉

「旧交を温める」という言葉があります。

いい言葉だと思います。

そして、あくまでわたしのイメージですが、この言葉が似合うのは高齢に近づいた男性同士の世界になってきます。

10年ぶりに顔を合わせたかつての同僚や、仕事仲間。

20年ぶりに顔を合わせた学生時代の友人。

あるいは数十年ぶりに顔を合わせたふるさとの同級生。

いろいろなシーンがありますし、べつに女性同士でもいいのですが、若いころには男性ほど濃い友人関係を作りがちですから、それが途絶えて何年も経ち、久しぶりに顔を合わせれば話は尽きないし、忘れていた思い出もどんどん甦ってきます。


そういうときに、男性はいくぶん気恥ずかしいのですが、「会いたかったけどなかなか機会がなくて」とか「ときどきどうしてるかと思い出した」とか、わりと素直になって自分の気持ちを伝えることがあります。

すると相手も、同じ言葉を返してくれます。

「わたしもそうなんだ」とか、「こちらこそ連絡もしなくて」と言ってくれます。

そういうときですね。

「会って良かった」とおたがいにつくづく思うのは。

どういうきっかけであれ、会えばわかることがあります。おたがいに「会いたい」という気持ちがありながら、面倒に感じたり相手の都合を考えたり、とにかくその気持ちを抑えてきました。

そして男性ほど、もう一つの心理が働きやすいのです。「相手はべつに、わたしのことなんか思い出しもしないだろう」とか、「こっちから連絡すると寂しそうに思われてしまう」といった依怙地な気持ちです。強がりもプライドも働きます。つくづく、男は面倒なのです。

でも会えば大事なことがわかります。あなたが思っていたより、人はあなたに会いたがっていたということです。それがわかった瞬間に、寂しさは消えてしまいます。

寂しさが消えると一人が幸せになる

一人でも幸せな人は、周囲から見てどんなに孤独でも孤立感は持ちません。会いたいと思えば会える人がいるし、会えば気持ちの休まる時間が過ごせるからです。

そういう時間をときどき過ごすだけで寂しさは消えます。

するとまた、一人になる元気が戻ってきます。人と会って元気になるということは、一人になっても元気でいられるということなのです。

女性はいくつになっても人と会う元気があると書いてきましたが、それもある年代までのことでしょう。長生きすればするほど、友だちは一人ずつ欠けていき、身近な人と一緒に過ごす時間も減っていきます。

でも、自分が慕われてきたとか、愛されてきたという記憶は残ります。ほんとうの孤独というのは、そういう記憶すら残らない人が味わう世界なのかもしれません。

だとすれば、いくつになっても寂しいときには人に会ったり、誰かに甘えてみるという習慣は大切なはずです。会いに来た人を大らかに受け容れ、楽しい時間を過ごすことでいい思い出が増えていきます。

その思い出が一人の時間の寂しさを消してくれるなら、高齢に近づいても心がけたいことがわかってきます。人に会いたい気持ちには素直に従い、自分に会いに来てくれた人にも笑顔で向き合うということです。

それができる人なら、一人で過ごしても寂しさは感じません。

寂しささえ感じなければ、一人の時間は幸せな時間になってきます。いつも例に出す一人でも幸せそうなおじいちゃん、おばあちゃんはそんな人生を送ってきたような気がします。

ぽっかり空いた穴を埋めるのも人との出会い

ほんとうに気持ちの通い合う人、心を許せる人というのは、誰にとっても大切です。そういう意味では、親友の存在とかいくつになっても支えとなる配偶者の存在はかけがえのないものになってきます。

でも、少し残酷な話をさせてください。

そういうかけがえのない人間とも別れのときが来ます。長く生きれば生きるほど、そのときがかならず訪れます。

そのとき、相手が心の支えになっていればいるほど、ぽっかりと穴が開いてしまいます。実際、高齢になって無二の親友に先立たれ、落ち込んでしまってうつ病になった人がいます。夫婦でも、おたがいを支えとしていた夫や妻ほど、喪失感が強くなります。それまではまったく感じなかった孤独感や寂しさに襲われてしまうのです。どうすればいいのでしょうか。

残酷な話というのは、じつはここからになってきます。

ぽっかりと空いた穴を埋めるのも、やはり人との出会いではないかと思うからです。自然が好きな人は庭やプランターで草花を育てたり、畑で野菜を育てたりして気持ちを和ますことができます。動物が好きな人はペットを飼うのもいいでしょう。

でも高齢で体が不自由になってくると、どちらも難しくなります。
亡くした人を思い出すだけでは寂しさが消えません。
その寂しさを埋めるのは、若い人との出会いではないかと思います。

ただしこれは難しいことです。高齢になればなるほど、自分からチャンスを作るのは難しくなります。

それでもたとえば家族が身近にいるなら、子どもたちや孫たちとのつき合いがあります。

家族がいなくても介護してくれるヘルパーさんとか施設の職員、あるいは若い世代と高齢者の交流をさまざまな形で実現してくれるボランティアの人たちがいます。積極的に居酒屋の暖簾をくぐる人もいます。

機会はかならずあるのですから、素直な気持ちで新しい出会いを楽しんでみること。このことはどこかに留めておいてください。

第5章

「幸せな一人の日々」の準備を始めよう

いまからできること、いま心がけること

60歳を過ぎるころから、人生の節目というか、区切りのようなものがぼやけてきます。男性でしたら「あとは定年まで働けば一区切りか」と思いますが、そこから先の人生が長いのです。ざっと考えて20年、さていくつまで体が元気でいてくれるかと思えばこの20年も長いのか短いのかわかりません。

いままでの人生にはおよそ10年単位で区切りがありました。学校を卒業して就職、結婚、マイホームの取得、子どもの独立、昇進や転職も含めて10年の単位というのは区切りになってきました。

これからの20年には、そういったはっきりした区切りはなくなります。仕事の現役を退いてからはとくにそうで、同じような毎日が淡々と流れ、毎年、一つずつ歳を重ねる20年になります。何だか寂しい言い方になりましたが、大きな流れとしてはそういうことです。

もちろん、あなたはそんなふうには考えないでしょう。まだまだ体は元気だし、やってみたいこと、やり残したことがあります。計画を立てて、自分のペースで一つひとつ実現させていきたいと考えます。「区切りは自分でつけてやっていこう」と思っている人が多いはずです。

女性も同じです。むしろ女性のほうが、いままでに大きな区切りを経験してきたかもしれません。子どもの独立はとくにそうで、「さあ、これからは自分のために生きよう」と気持ちを切り替えた女性は多いと思います。

つまり高齢に近づくというのは、背負い込んできたものから一つずつ自由になるかわりに、自分で毎日の暮らしを楽しむ知恵や工夫が必要になってくるということです。やってみたいこと、やり残したことを、もうノルマではないのですから慌てず急がず、好きなように続けていく気持ちが大切になってきます。

そのために、いまからできること、いま心がけたいことは何だろうとまず問い詰めてみましょう。

人づき合いに疲れてしまった反動があります

いまのあなたがやってみたいことや、やり残したことは、たぶん一人でもできることです。どんなことでもいいですから思い浮かべてみてください。趣味のほとんどは一人でできます。誰かに習ったり教わることがあったとしても、一人のときには一人で楽しめることです。

小さなビジネスも一人でできます。いずれは誰かの力を借りたり、パートナーが必要になるときが来るとしても、計画したり調べたり、スタートさせるまでは一人でできます。

やってみたいことが思いつかないという人がいるかもしれません。

でも「何だろうな」と考えて思い浮かぶことがあったとすれば、それもやっぱり一人でできること、一人で始められることだと思います。

それからじつはこういうことも言えないでしょうか。

「歳をとったらもう、一人で楽しめることのほうがいいな」

そう思ってしまう自分がいるのです。

「いままではずっとチームだの組織だの、人と一緒にしか動けなかったし上下関係だのライバル意識だの、気疲れすることばかりだった」

でも定年を迎えればそういう面倒な人間関係からも解放されるのですから、何もわざわざ、また集まって張り合うより一人のほうがずっと気楽だと考える人は多いと思います。男性はとくにそうでしょう。

もちろんここは性格もあります。「一人じゃつまらない」とか「何もできない」と考える人がいても構いません。

ただ、そう考えてしまうと自分から新しいグループなり団体なり、とにかく新しい人間関係の中に飛び込んでいく必要があります。それが億劫になったり、ハードルの高さを感じてしまって結局は何もしないという男性が案外、多いのです。

そうなるくらいならむしろ、一人で楽しめることから始めたほうが気楽です。

「人と一緒のほうがもっと面白いかな」とか「そのほうがもっとうまくいきそう」と思ったときに、仲間を集めればいいからです。「でもやってみたいことが浮かばない」という人には、これからヒントを挙げていきます。

家庭に閉じこもっていた反動もあります

女性、とくに専業主婦の場合は限られた人間関係の中で暮らしてきた時間が長いので、60歳を過ぎたころから逆に社交的な性格になってきます。これはホルモンの関係もあることを前の章では説明しましたが、たとえ社交的になっても一人の時間を大切にする気持ちは変わらないと思います。

忙しい家事や育児を受け持ちながら、外で働いてきた女性も大勢います。そういう女性にとってほんとうにくつろげる時間、誰にも邪魔されないで一人で過ごせる時間は男性より貴重だと思います。

たとえ高齢になっても、女性はそういう一人の時間の過ごし方や楽しみ方を知っているような気がします。のんびりと、目を細めてお茶を飲んでいるおばあちゃんを見ていると、ああ、幸せ探しの達人だなあと感心することがあります。

しかも女性は、出かけることや友だちに会うこと、みんなとおしゃべりすることを苦にしません。いつでも一人から抜け出してにぎやかな時間を楽しむことができます。これは寂しさを我慢しないでやっていけるということですね。

男性は逆で、若いころはあんなに人づき合いが忙しかったのに、高齢になるとプッツリ人間関係が途切れます。でも一人には慣れていませんから、自宅に閉じこもっても寂しさを持て余すようになります。その結果、どうしても妻に頼ってしまう夫という関係が出来上がることになります。

ここはおたがいに、何とかしたいところではないでしょうか。

一人も好き、みんなと会うのも好きという女性にとって、まず解決しなければいけないのは世話の焼ける夫の存在になってくるからです。

男性だってもちろん、妻を拘束したいとは思っていないはずです。「要はオレが一人を楽しめればいいんだ」とわかっているはずなのです。

一人が嫌なら自分で出かけよう

でもそういった夫婦の関係は、ひところほどワンパターンではなくなっています。

まず、女性が強くなりました。夫がブツブツ言っても旅行や習い事、友人と集まっての食事や買い物にさっさと出かけてしまいます。食事なんかスーパーでもコンビニでもパック分けしたさまざまな総菜が売られているのですから、「自分で好きなものを食べてください」でいいのです。

男性も変わってきました。料理を苦にしない、ネットでいつでも好きな世界に入り込める、趣味もスポーツも楽しんでいる、そういう男性は着実に増えています。一人になってもその時間の楽しみ方を知っている人が多いのです。

それでもやっぱり、時間が経てば一人がつらくなってきます。女性はそういうとき、さっさとショッピングに出かけることができます。出かけたついでに知り合いに会えばそこで話が弾みます。体一つでいつでも寂しさから抜け出せるのです。

男性は必要に迫られたり目的でもないかぎり、あまりショッピングには出かけません。出かけたとしても、そこで知り合いに会うことはめったにありません。さっさと用事を済ませて家に帰ればまた一人、妻が不在なら「まだ帰ってないのか」とブツブツ言いたくなってしまいます。

そこで男性に向けていちばん簡単で、すぐにできそうなことから提案してみます。

一人でいるのが嫌になったら、自分から外に出てみましょう。買い物とか食事とか、とくに目的は作らなくていいのです。「犬も歩けば」の気分で、まず外の空気を吸うことを目的に家を出てみましょう。

外に出ればすぐに気がつくことがあります。

歩いている人はほとんどが一人なのです。たまに二人連れやグループもいますが、平日の昼下がり、まして近所の商店街や住宅街を歩いているのは男性でも女性でも、若くても老いていても、みんな一人です。しかも、とくに寂しそうに見える人はいません。

歩けば休みたくなる、腹も減る

喫茶店やレストランというのは、会社勤めの現役時代には昼休みに利用する場所、そういう感覚だった人は多いと思います。しかもオフィス街の昼休みはどこも客でいっぱいになりますから、お茶を飲んでも食事をしても時間が気になって慌ただしい気分でした。

現役を退けばもう昼休みなんてありません。

近所の商店街や駅前のビルでも、昼休みには勤め人でどの店も混雑しますが、時間に縛られない身になったら何もその時間にお茶を飲んだり食事をする必要はありません。それに、目的もなく家を出て歩いているだけなのです。

それでも歩いていれば休みたくなります。
「この喫茶店は前から気になっていたな」と思い出すと、ふと入ってコーヒーでも飲もうかなという気になります。

あるいは昼の12時前でも1時過ぎでも、歩いていると少しおなかが空いてきます。「蕎麦でも食べようか」と思えばどこにでも蕎麦屋ぐらいはありますから、これも初めての店にふらりと入ってみたくなります。
どちらの場合でも、昼休みを外れた時間ですからそれほど混雑していません。かといって客がいないわけではなく、若い人や老人や中年の女性が入り混じって座っています。そこにあなたが混じっても、何の違和感もないはずです。

つまり、外を歩くだけでもいいし、店に入ってもいいし、とにかく家を出てみれば自分の居場所というのはいくらでも見つかるということです。しかも、一人は少しも珍しい存在ではないと気がつきます。

「ここしかない」と思うから一人が寂しくなる

一人が寂しくなるのは、自分が誰からも相手にされないとか、誰も気にかけてくれないという孤立感が生まれてくるときです。奈落の底にポツンと座っている気分です。

でもそれは、抜け出せば抜け出せるのに、自分からその場所を出ようとしないせいもあるはずです。「ここしか居場所がない」と思えば思うほど、そこで一人にされることがつらくなるからです。

たとえばグループの中でみんなから無視されたら、どんな人でも孤立感を持ちます。でも、そのグループを抜け出してしまえば、たとえ一人でも孤立感はなくなります。実際にはそう簡単なことではなく、「追い出された」と感じる人は「除け者にされた」という被害者意識を持ちますから、どこにいても孤立感から抜け出せないかもしれません。

でもそれだって、気の持ちようじゃないかと思います。「追い出されたんじゃない、自分から抜け出したんだ」というのが強がりだとしても、とにかく「ここしかない」という思い込みさえ消えてしまえば、一人の寂しさもずいぶん小さくなってくるからです。

外に出ること、何の目的もなくていいからとにかく家を出て町を歩いてみることを勧めるのも、高齢に近づいた男性に「居場所なんかどこにでもある」と気がついてもらいたいからです。たとえ1時間でも2時間でも、とにかく居場所はいろいろなところにあるんだと気がつけば、家の中でブツブツ言いながら一人で過ごすよりはるかに気分が晴れます。

じつは定年を迎えてから人生を楽しむタイプの男性は、現役のころから職場と家庭以外にも自分の居場所を持っていることが多いのです。仕事を忘れて一人で過ごすバーや居酒屋、休日の楽しみにしているドライブやスポーツ観戦、あるいはカメラやスケッチブックを片手に出かける日帰りの旅行とか郊外の競馬場巡りでもいいです。とにかく「ここにいるとホッとする」と思える場所です。

そういう場所はこれからの人生でもどんなきっかけで見つかるかわかりません。

だからまず、外に出てみる。ポケットにスマホと財布があれば、どこまでも行けるし、もう時間も気にしなくていい身分なのです。

何かを学ぶことはいくつになっても一人でできる

わたしは勉強が好きです。

専門の精神医学はもちろんですが、経済学や教育、政治や歴史や文化や福祉の世界、自分では本職だと思っている映画も含めてそれこそありとあらゆる分野の勉強を本を読んだり第一線で活躍している人たちの話を聞いたりして続けています。

勉強のいいところは、いつでもどこでも一人でできるということです。

誰かに教えてもらうことも含めて、一人で考えたり書いたり、自分なりの着想を育てることもできます。

じつは飽きっぽくて一つのことが長続きしない性格の人でも、勉強というのはちょっとやってみて飽きたら別の分野に変えたり、それも飽きたら雑誌を読んだり映画を観たり外に出かけて書店を巡ったりすることができます。もう大人ですから、時間割なんか作らないで気分任せでも楽しめるのです。

会社勤めのころは、ほとんどの人が勉強を仕事のためと考えます。役立つ知識や情報を集めたり、資格取得を目指すようなことです。

でもそういう勉強は面白くないし、そもそも定年を迎えたらまったく必要がなくなってしまいます。さあ、何か勉強でも始めるかなという気分にはなれないのです。

ではもう、どんな分野にも興味を失ってしまったのでしょうか。

そんなことはないはずで、かつて好きだった分野とか、ちゃんと勉強してみたいなと考えたことがあると思います。子どものころは天体観測が好きで宇宙の勉強をしてみたかったとか、火山が不思議で地球のことを勉強してみたかったとか、本棚の片隅に小さな昆虫図鑑が隠れていたりとか、「ああ、そういえば」という世界がたいていの人にはあるはずです。

そこから始めてみるというのは、完全に一人の楽しみですね。「まず図書館か」とか、「いや、星のきれいな場所に出かけてみるか」「いまごろの北海道は面白いだろうな」とあれこれ想像するだけでも、一人の勉強が始まったことになります。

ネットは、学ぶことの入り口をどんどん広げてくれる

新聞を開くと、シニア世代に向けて海外旅行のツアー広告が大きく載っています。1ページ全部使って、それこそ世界中のどんな国でも選べるようになっているし、オフシーズンならそれほど費用もかかりません。定年を迎えると一年中が休日みたいなものですから、これを利用しない手はありません。

そう考えたある男性が「さて、どこがいいか」とツアー広告を眺めていたらクロアチアという国名が目に留まったそうです。

「どのあたりだっけ」と考えて本棚から古い世界地図を探し出し、ヨーロッパ

の地中海に面した一帯を探してもさっぱりわかりません。この男性は高校時代まで地理や世界史が好きで世界地図はいつも手元に置いていたので捨てずにそのまま残していたそうです。

新聞のツアー広告にはクロアチアと並んでセルビアとかモンテネグロとか、聞いたことはあるけどやっぱり場所のわからない国名が並んでいましたから、ネットで検索してみたそうです。

調べてみたら納得しました。

「ああ、そうか、このあたりは昔、ユーゴスラビアだったんだ」

一つひとつの国名を検索してみると、それぞれの歴史や民族、言語、国名の変遷の経緯もわかってきます。俄然、興味が湧き起こってきてこの男性はネットで最新の世界地図と、それぞれの国を紹介した旅行記や歴史の本を注文して勉強し始めたといいます。

そういう話を聞くと、ネットの時代というのは便利だなあと思いますね。どんな分野のどんなテーマでも、ダイレクトにアプローチできるからです。入り口がわかれば、そこから先の資料や本もネットで探すことができます。ここまでなら、家の中にいて自分一人でできるのです。

入り口がわかれば一人で迷路にも入り込める

一人で楽しめることや夢中になれることは、どんなきっかけで訪れてくるかわかりません。かつては興味が湧いてもそこから先の手がかりをつかむのが難しくて、勉強しようと思えば腰を据えて学ぶ気持ちがなければいけなかったことでも、ネットの時代はきっかけさえつかめば自分でどんどん迷路の中に入り込むことだってできます。

もちろん、そこからが勉強かもしれませんが、好きな分野でしたらその迷路を一人で進んでいくのも楽しい時間になってきます。

さらに専門的に勉強したくなったら、いろいろな研究サークルや大学の公開講座のようなものを受けることもできます。社会人に向けて専門領域の聴講生を募っている大学もありますから、若い人に混じって新鮮な気持ちで学ぶことだってできます。ここでも、ネットで調べれば情報を集めることができるのです。

そのときいちばん障害になるのは、「いまさら」という気持ちです。ほとんどの60代、70代の人がまず考えてしまうのは、「いまから本気になっても」ということで、この気持ちがある限り結局、入り口で引き返してしまうことになります。

わたしが「もったいない」と思うのはそういうときです。

どうして「いまさら」なのでしょうか。

会社勤めのころでしたら時間があったのでしょうか。

40代や50代から始めた勉強なら長続きしたのでしょうか。

全部、違いますね。たっぷり時間があるのはいまですし、これからです。

しかも10年単位の時間が残されています。興味があって知りたいと思い、その入り口に立っているのでしたら、ワクワクしながら迷路の中に入り込んだほうがはるかに楽しい毎日になるはずです。

しかも、ずっと一人で楽しめ、幸せな時間を過ごすことができるのです。

「わたしって意外だな」と気がつくとき

ある年齢になると、自分はもう変わらないと思い込む人が多くなります。

「この歳になって、いまさら生き方を変えようとか生活パターンを変えようと思っても、どうせ長続きしない」

そんな考え方です。

「自分のことは自分がよく知っている」とか、「変えようがないんだからそういう自分とつき合うしかない」といった考え方です。

本人としては悟ったつもりかもしれませんが、わたしから見るとやっぱり「もったいないなあ」と思ってしまいます。

なぜなら、そういう悟りや思い込みはすべて、いままでの自分をすべてだと考えるから生まれてきます。男性の場合はとくにそうで40年以上も同じ職場で働いてきた人はどんなに人間関係が広いようでも仕事を通した関係がほとんどです。

家に帰ればこれも長いつき合いの妻がいて、おたがいの性格を知り尽くしたつもりでいます。

つまり、自分自身の変わりようがなかったということもできます。その人の性格でも生き方でも、他人との関係の中で作られてきますから、その関係が長く固定されてしまえば自分というのも変わりようのない個性だと思い込みがちなのです。自分のイメージに自分からこだわってしまうのです。ちょっとわかりにくいかもしれないので、こんな例を考えてください。

たとえばあなたがまったく初めて出会う10代、20代の若者と一緒の時間を過ごしたらどうなりますか。勉強でも趣味や遊びでも旅行先の出会いでもいいです。

あなたの性格とか考え方とか、彼らや彼女たちはまったく知らないのですから、たぶん屈託なく接してくるでしょう。あなたがいつものように気難しい顔をしても、あるいは分別臭く振る舞っても、「そんなのいいじゃん」とか「さあ、楽しもうよ」と取り合わないかもしれません。

そうなるともう、あなたも自分のイメージなんかどうでもよくなってくるはずです。「たまにはいいか」とか「何だか愉快だな」という気分になってきます。それはとても新鮮な体験になるはずです。

「もう一人の自分」に会えると嬉しい

外に出ることはいろいろな場所に自分の居場所を見つけるためです。

勉強するのも同じで、新しい世界に自分を放り込むためです。

それによって、いままで気がつかなかったもう一人の自分に出会うことができます。

「わたしはこういう人間」と思い込んでしまうと、結局はいつも同じ場所にいてそこから動こうとしなくなります。

すると一人の時間がだんだんつまらなくなったり、自分だけ除け者にされているような気分になってしまいます。

でも、「もう一人の自分」がいると気がつけば、いまいる場所が寂しくなったらいつでも抜け出すことができます。

それに何と言っても愉快なのです。いままでは「こういう人間」と思い込んできた自分にも、意外な一面があるとわかっただけで嬉しくなります。

「ちょっとファッションも変えてみようか」

「たまにはキッチンに立ってみるか」

「そういえば気になる新車が出たな」

「楽器はどうだろう」

一人でできることがどんどん思い浮かんできます。

高齢に近づくということは、いままでの自分から抜け出すチャンスがやってきたということです。

一人の時間が、そのチャンスに踏み出させてくれます。70歳を過ぎてもし、いままでまったく気がつかなかった新しい自分に出会えたら、残された人生に楽しみはいくらでも見つかるはずです。

第6章

一人で生きることと向き合う小さな勇気

「孤独って何だろう」

ときどき、公園の陽だまりや街中のベンチでぼんやりと座っているおばあちゃんに出会います。周囲を頷きながら見渡したり、気持ちよさそうに目を閉じたりしています。

「いったい何を考えているんだろうな」と思いますが、「いいな」とも思います。一人でポツンとそこにいるだけなのに、何だか満ち足りているように見えるからです。

高齢者の精神医学を学び、実際に数多くのお年寄りと接してきたわたしは、「幸福って何だろう」と考えるときがあります。

どんなにおカネがあっても、もう贅沢を楽しむことはできなくなっていきます。地位や名声も過去のものですし、愛する人には先立たれたり、親しかった友人たちもポツリポツリと欠けていきます。自宅住まいで子どもや孫に恵まれたとしても、一日のほとんどは一人で過ごし、施設に入れば家族にもたまにしか会えなくなります。つまり、孤独になってしまいます。

でも、ポツンと一人きりなのに幸せそうに過ごしているお年寄りには、孤独のイメージはありません。寂しそうとか、つらそうというイメージはないし、気丈とか強そうというイメージもないのです。ただくつろいで一人を楽しんでいる、そんな様子しか伝わってこないのです。

わたしは最近、孤独について考えることが多くなっています。理由はいくつかありますし、本文の中でも少しずつ説明してきましたが、いちばん大きいのはわたし自身が60歳を過ぎたということです。自分が少しずつ老いに向かっていくという現実は、否応なく孤独について考えさせることになります。

ましてわたしの場合、老年精神科医という仕事を通して大勢のお年寄りに接してきました。みなさん、孤独な時間と向き合っています。でもその中に、あくまでわたしの印象ですが、寂しそうだなと思わせる人と、幸せそうだなと思わせる人がいます。

もちろん、入院したり施設に入ったりしたときでも家族や友人がしょっちゅう訪ねてくれる人は幸せそうに見えるし、そうでない人ほど寂しそうに見えますが、それだけではありません。身寄りもなく、訪ねてくれる人もいないのに、一人の時間を穏やかに楽しんでいる人がいます。

逆に家族や知人がときおり訪ねてくれるのに、一人になると不満そうな顔をしたり苛立ったり、そこにいない家族への恨み言を漏らす人もいます。

そういう様子を見ていると、つくづく思うことがあります。

一つは、「孤独って何だろうな」という素朴な疑問です。

そしてもう一つは、自分がいつか一人になったときに、その時間を幸せに過ごすことができるのだろうかということです。

孤独は生きる上での大切なテーマ

老いればたしかに孤独と向き合いますが、いまの時代、孤独は誰にでも訪れます。若い世代でもいじめにあってグループから除け者にされたり、他人とのつき合いが苦手で引きこもってしまう人も珍しくありません。もっとありふれたこと、たとえば失恋とか失業とか、自分を支えてくれたものを失ったときにも人は孤独感に襲われます。

それだけではありません。

みんなと上手につき合い、友だちもたくさんいて、いつもSNSでつながりを確かめているような人でも小さなことで不安を感じたり、一人が怖くなったりします。どこかで孤独感を意識するのでしょう。

そういう孤独への恐れは誰にでもあると思いますが、同時にわたしたちには「好きなように生きたい」とか、「煩わしい人間関係から自由になりたい」「ありのままの自分でいたい」という願望もあります。他人に気を遣ったり遣われたり、そういう息苦しさから逃げ出したいという気持ちです。

それは「一人になりたい」ということですね。


「ときどきでいいから一人になりたい」

他人の束縛から逃れて一人になり、自分のやりたいことだけやって過ごしたいという気持ちだと思います。つまり、孤独になることそのものを必ずしも恐れているわけではないのです。

「孤独って何だろうな」とわたしが考えるのも、そういう二つの矛盾した受け止め方があるからです。これはたぶん、あなたも同じだと思います。「孤独にはなりたくない」という気持ちと、「一人も悪くない」という気持ちです。

いまのあなたがいくつなのかはわかりません。でも、そろそろ老いを意識する年代だとしたら、やがては孤独になるかもしれない自分を想像することがあります。長く生きれば生きるほど、その孤独は避けようのない境遇になってきます。

だとすれば、恐れてばかりいても始まりませんね。

自分から孤独を迎え入れてみる勇気も必要になってくるはずです。

その勇気を生み出してくれるのが、いまのあなたにもときおり浮かんでくる願望、「一人になりたい」ではないでしょうか。そこから「孤独も悪くない」

という大らかな気持ちが生まれたときに、自分が高齢になることへの覚悟も定まってくるような気がします。

「ほんとうの自分に戻る」ということ

やがては寂しさや孤独感が生まれてくるとしても、「一人っていいな」と気がつく時間はとても大切です。理由を説明してみましょう。

人とつながっているというのはたしかに安心です。

でもその安心を守るためには、相手や周囲に合わせて自分の願望を抑えたり、その場の雰囲気を読んだり、あるいは他人の言葉や態度からその要求を汲み取るといった気遣いがいつも求められます。ほんとうの自分を出せない状態が続くことになります。

わたしが敬愛するウィニコットという精神分析学者は、そういう状態を偽りの自己（ソーシャルセルフ）と名付けましたが、彼自身、そういう偽りの自己が悪いとは言ってません。多かれ少なかれ、どんな人でも偽りの自己で社会に合わせて生きているし、それによって孤立することなく周囲とつき合っていけるという現実があるからです。

ただウィニコットは、いつも偽りの自己ばかり出しているうちに、ほんとうの自分を出せなくなってしまうのがまずいと主張していて、わたしもたぶんその通りだろうなと感じています。閉じ込められてしまった自分が、いつどんなきっかけで暴発するかわからないからです。あるいはほんとうの自分が消えてしまったら、周囲や他人の言いなりのままに生きるしかなくなるからです。

その意味でも、「一人っていいな」と気がつくときは、ふだん閉じ込められている真の自分が自由になって、大きく背伸びしている時間なのでしょう。

「一人になりたいな」と思うときは、そういう自分が自由になりたくて息苦しい人間関係から逃げ出したくなっているときなのでしょう。

それはとりもなおさず、ほんとうの自分に戻るということです。

偽りの自己から抜け出して、本来の自分に戻るということですね。

自分の人生を存分に楽しむためにも、どうしても必要な時間になってくるはずです。

孤独でも「幸福な時間」があると気がつくとき

そしてもし、一人になってその時間を心の底から自由に、くつろいで過ごすことができたら、孤独を恐れる気持ちは消えてしまうと思います。

「オレって一人でも幸せなんだ」

「わたしはほんとうは一人がいちばん好きなのかもしれない」

そう気がついたときに、偽りの自己から解き放たれて、本来の自分を取り戻すことができるような気がします。

たぶん、幸福感に満たされるでしょう。

そして孤独になることは不幸ではなく、むしろ幸福な時間なのだと気がついたときに、小さな勇気も生まれてくると思います。いまよりもっと、ありのままの自分でやっていこうとか、素直な願望に従ってみようという勇気です。

それでもし、周囲から浮き上がったり仲間外れにされることがあったとしても、一人になれば済むことです。しがみついて突き放されて孤独になるのはつらくても、自分から一人を選んで好きな時間を過ごすのでしたら、孤独もまた幸せな世界になってきます。少なくとも、いままでよりは孤独に親しむことができるはずです。

わたしは自分が孤独好きな人間だとは思っていません。ほんとうの意味での孤独、つまり周囲の誰からも相手にされず、社会や他人との一切のつながりを断たれてしまったら生きることじたいがものすごく辛いものになってきます。「この世にわたしは一人ぼっちなんだ」と思ったら、どんな人でも絶望的な気持ちになってしまうでしょう。

でも、孤独の中にも幸福な時間があるとわかれば、「今日は一日、一人でいようかな」という気になれます。「わたしに一人が似合うのかな」という興味だって湧いてきます。最初はその程度でいいのです。

大切なのは自分の意思で一人になることです。自分から孤独に親しんでみようとすることです。試してみて、「たまに一人になってみるのも悪くないな」と気がついたら、きっとあなたにも新しい世界が広がってくると思います。

いつか一人になる、そのための小さな勇気

孤独の中に幸福を見つけることの意味は、もう一つあります。

言うまでもないことですが、わたしたちが老いていくというのは、だんだん孤独になっていくということです。たとえば家庭を持っても子どもたちは家を出ていき、夫婦だけの暮らしになります。いまのあなたがそうかもしれません。そしてその先、夫や妻が亡くなれば、自分一人になります。

あるいは仕事の一線から退けば、同僚も部下もいなくなります。親しい仲間や友人に恵まれたとしても、同世代は高齢になるにつれて一人ずつ欠けていきます。

つまり長生きすればするほど、人は孤独になっていきます。どう身構えたところで、有無を言わせず孤独がやってきます。

だとすれば、少しずつ慣れていくしかありませんね。

いきなり孤独になって悲嘆にくれたり、寂しさに打ちひしがれてしまうより、いまから少しずつ孤独の中にも幸福な時間があるということを知っていくのがいちばんいいような気がします。

そしてじつは、いまの時代、「そんなの当たり前」と気がついている人が着実に増えています。たとえば結婚より独身を選ぶ男性や女性です。あるいは引きこもっても自分の世界に満足し、そこでちゃんと自立できている人たちです。夫に先立たれて一人になっても幸せに過ごしている女性なら少しも珍しくありませんね。

そういう孤独でも幸福な人たちに共通する生き方、暮らし方があります。どんな生き方、暮らし方だと思いますか？

平凡だけどとても大切なことです。

一人でもできること、一人だから楽しめることをいくつも知っています。

一人でもやりたいことがいつもあって、退屈しないで暮らしています。


体が不自由になっても、一人の時間を安らかな気持ちで過ごすことができます。日向ぼっこしているお年寄りは、とても幸せそうな顔をしています。

わたしはこの本で、いつか訪れてくる孤独から目を逸らさず、それを受け入れようとしているあなたを最後まで応援しようと思っています。

なぜなら、そういうあなたならきっと、孤独でも幸福に生きることができるからです。たとえ一人になったとしても、寂しさを感じることなく朗らかに生きていくことができるからです。孤独についてきちんと考えてみること、そのための小さな勇気が、この本を読むことで育っていけばと願っています。

第7章

「孤独を恐れる気持ち」と「一人への憧れ」

孤独という言葉じたい、色あせてきている

これはあくまでわたしのイメージですが、かつては孤独という言葉には寂しさとか厳しさ、あるいは近寄り難さのようなものがありました。どこかストイックなイメージです。

でもいまはずいぶん違ってきています。

そもそも周囲との人間関係が途絶えて一人になることが孤独なら、「それって孤独じゃなくて自由でしょ」と考える人が増えているような気がします。

「煩わしいつき合いなんかしないで済むなら、それがいちばん理想的」

「親しい人には会いたくなったら会えばいい、あとはずっと一人でも少しも寂しくない」

そういう考え方は少しも特別ではないし、かりにそれが孤独好きというのでしたらそこにはもう、寂しさも暗さも感じられなくなっています。

「おひとりさま」という言葉が流行したのはもう10年以上も昔のことです。上野千鶴子さんのベストセラー、『おひとりさまの老後』がきっかけだったと思いますが、言葉じたいが文字通り一人歩きして孤独のイメージをずいぶん明るく塗り替えてくれました。

もちろんいまでも、孤独にはマイナスイメージがあります。独居老人とか引きこもりといった言葉に対しても、「寂しいだろうな」とか「暗い毎日だろうな」と考える人は多いでしょう。

でも現実には一人暮らしを楽しんでいるおじいちゃん、おばあちゃん、引きこもって自分だけの世界に満足している若者が珍しくないのです。そういう人たちに、「孤独じゃないですか」と尋ねたらたぶん、「べつに」という苦笑いしか返ってこないと思います。

あるいは孤独そのものを肯定的に受け止める考え方も広まっていますね。たとえばマンガで人気になってドラマでもシリーズ化された『孤独のグルメ』がそうでした。中年男が一人で飯を食うだけのストーリーですが、目の前の料理に夢中になっている男には孤独が持つ寂しさのイメージなんかまったくありません。むしろ幸せそうなのです。

書籍の世界でも孤独を肯定的に、前向きに受け止めようという主張は大きな流れのような気がします。超高齢社会はいずれは孤独と向き合う社会ですし、ネット社会は人間関係の束縛から抜け出すことを可能にしてくれます。孤独はもはや当たり前の日常になりつつあるのですから、恐れるより親しむほうが生きやすい時代になっているのでしょう。

一人の時間が新鮮な気持ちを取り戻してくれる

第６章にも書きましたが、わたしたちには誰でも一人でいることへの憧れがあります。「ずっと一人は寂しいだろうな」という気持ちもありますが、周囲の人間関係から抜け出して一人の世界を楽しめるならそれがいちばん幸せな時間だろうなと考える人は多いのです。

わたし自身にもそういう傾向があります。

親しい人たちとにぎやかに過ごす時間も好きですが、それが何日も続くと一人の世界に閉じこもりたくなります。本を読んだり映画を観たり、あるいは好きな勉強を自分のペースで続けたり、ただぼんやり過ごしたり、思いついたら大好物のラーメンを食べに出かけたり、誰にも気兼ねしないで自分の興味や関心に任せて過ごせる一人の時間というのはやっぱり素敵なのです。

一人になると自分の好きなことをしているだけで時間が過ぎていきます。一人だと一日が長いというのはウソで、「あれ、もう夕方か」と驚くくらい時間の流れが速いことがあります。たぶん、伸びやかな気持ちになっているからでしょう。それだけ好きなこと、やりたいことに没頭しているのでしょう。

こういう感覚は、ふだんから一人の時間がなかなか持てなくて、しかもやらなければいけないことが次から次に出てきて追い立てられるように過ごしている人でしたら、たぶんわかってもらえると思います。たまに一人の時間が手に入ると、ただただ気持ちが緩んでしまい、ぼんやりしているだけで一日が過ぎてしまうのです。

「ああ、あと2、3日は一人でいたいなあ」と思います。

「やってみたいことはまだまだあるのに」と思ってしまいます。

つまり、どうせ一人になるんだったら気が済むまで一人で過ごしたいという気持ちです。

「それで満足できたら、苦手な人に会ってもニコニコできそうだな」

一人になってくつろいだ時間をたっぷり味わえるなら、ふたたび現実に戻るときにも機嫌良く向き合えそうな気がするのです。

気がつかないうちに重くのしかかっているものがある

「清々する」という感覚があります。せいせいする、身も心も晴れ晴れするとか、一切の束縛から解き放たれて解放感に包まれたときに生まれてくる感覚です。

この感覚は、いろいろなときに生まれてきます。ずっと我慢していたものが消えてなくなると清々します。散らかり過ぎてウンザリしていた部屋の中を一日かけて掃除したり片づけたり不用品を処分したりしてスッキリすると、「ああ、清々した」と思います。

人間関係とか社会的なつながりにも同じことが言えます。何となく惰性でつき合ってきたグループから抜け出して一人になったり、ずっと我慢しながら勤めてきた職場を早期退職で辞めたようなときです。

多少の不安や頼りなさはあっても、「さあ、自由になったぞ」と思うだけで清々した気分になります。そういうときに感じるのは、「いままでずいぶん、縛られていたんだな」ということです。グループや組織を抜け出して初めて、自分がどれだけそこに拘束されていたか、いつもどれだけそのグループや組織のことが頭の片隅に引っかかっていたかということがわかります。

そういう、ふだんは意識しない拘束とか束縛というのはどんな人間関係にもあるはずです。

職場でしたら上司との関係がそうです。好き嫌いや気が合う、合わないはありますが、ふだんはとくにぶつかるわけでもなく何となくつき合っています。

家族とか夫婦も同じです。たまにケンカしたり意見が食い違うこともありますが、身近な関係ですからできるだけぶつからないように気を遣います。それなりに長いつき合いですから、おたがいに相手の考えていることもわかるようになっています。

するとどうしても、遠慮が入り込みますね。

気楽につき合っているようでも、つねに相手の機嫌を損ねないように言葉や行動に注意していることが多いのです。それを無意識のうちにやっているケースは案外、多いと思います。

「さあ、何をしようか！」という清々感

だからではないでしょうか？

長いつき合いの夫婦でも、どちらかが旅行に出かけて一人になると思わず大きく背伸びしたくなります。「さあ、しばらく一人になれるぞ」と嬉しくなってきます。ふだんは仲のいい夫婦でも、妻が一人で過ごせる、あるいは夫が一人で過ごせるというのは気分の軽くなることのような気がします。

ただし大切な条件があります。

一人になったらやりたいことがある人でなければ、清々感はたぶん生まれて

こないということです。「オレ、どうすればいいんだ」と困惑するような人は、一人になったとしても時間を持て余すだけになります。清々感どころか、苛立ちに包まれてしまうかもしれません。途方に暮れてただ流されるように一日が終わってしまうかもしれません。

孤独について考えるとき、その孤独を幸福に生きるためには「一人でもやりたいことがある」とか、「一人だからできることがある」というのは大切な条件になってきます。

「誰にも邪魔されず、好きな本を好きなだけ読める時間があったらそれだけで幸せだ」

「訪ねてみたい美術館がたくさんある。一人になれたら一日一館、気が済むまで美術館巡りを楽しみたい」

「音楽が好きでいろんなＣＤやレコードを揃えているけどゆっくり聴いている

時間がない。一人になれたらそれができるんだなあ」

そういう人たちでしたら、孤独になれるというのは幸せな体験でしょう。そもそも孤独という意識すら持たないかもしれません。

あるいはいま思いつかなくてもいいです。

ふだんいつも誰かがそばにいると、相手に合わせてばかりで自分のやりたいことは後回しになってしまいます。だんだん思いつかなくなってくるのも仕方ありません。

でもそういう人だって、突然に一人の時間が生まれたら「さあ、何やろうかな」とワクワクしてきます。これだって幸せな気持ちです。

そういう浮き立つような感情が生まれる人なら、孤独でも寂しさは感じないと思います。

心の状態が一人を好きになったり恐れたりさせる

孤独を恐れたり、一人になるとすぐ寂しさに包まれてしまう人はどうでしょうか？

何をしていいのかわかりません。何かを始めても、すぐにその場にいない人のことを考えます。「いまごろみんなは」とか「あの人はきっと」とか、自分のいない場所で楽しそうに過ごしている人の顔が浮かんでしまいます。

これでは一人が寂しくなるだけです。自分だけ不幸な気がしてきます。でもじつは、みんなだってあの人だって一人の時間を楽しんでいるかもしれないのです。そのことに気がついていないだけかもしれません。

一人が好きか、誰かと一緒にいるほうが好きかといった性格の分け方は、じつはあまり意味がありません。あなたが自分自身に問いかけたとしても、はっきりとした答えは出てこないと思います。

そういう孤独が好きか嫌いかという二分割思考ではなく、どんな人でも一人が好きになるときと、誰かと一緒にいたくなるときがあって、人によってその比率が少しずつ違っているというだけのことなのでしょう。

したがって、一人を恐れる気持ちもたいていの人に生まれてきます。たとえば若い人でも風邪をひいて熱を出し、アパートの部屋で寝込んでいるようなときには、一人がたまらなく寂しくなります。不安で心細くなっているとき、人は誰でも孤独を恐れるというのも事実なのです。

逆に言えば、元気なときや精神状態のいいときには一人でも平気です。他人のこともあまり気になりません。一人でも楽しめることや夢中になれることがあれば、「みんなはいまごろ」とか「あの人はきっと」といった僻みっぽい気持ちにはならないのです。

たぶんあなたにも、一人っていいなと思うときと、一人って寂しいなと思うときがあるはずです。そういうときの自分の心の状態を思い出してみてください。いくつか気がつくことがあると思います。

「一人っていいな」と思うときのあなたは、心が満たされてくつろいでいますね。

「一人って寂しいな」と思うときのあなたは、不安でちょっとブルーになっていますね。

ただそれだけのことだと考えてください。

ちょっとブルーだから一人になりたいときがある

もう一つ、一人になりたいときの心理があります。

人間って複雑だなあと思ってしまいますが、ここまで書いてきたこととまったく逆の場合もあるのです。

たとえば元気なときや精神状態のいいときは、人に会いたくなります。ハイになって手当たり次第に友だちに電話したりメールしたり、あるいは知り合いが集まりそうな店に出かけたりします。

逆にブルーなときには自分の部屋に閉じこもってしまいます。むしろ誰にも会いたくなくなるのです。

そういうときの一人というのは、たしかに孤独感に満ちています。

でも、閉じこもって好きなミュージシャンのCDを聴いたり、ワインやウイスキーをゆっくり飲んだりしていると、少しずつ気持ちが落ち着いてきます。一人だから誰にも神経を使わなくて済むし、一人だから静かな時間、穏やかな気持ちを取り戻すこともできるのです。

するとつくづく思います。

「どこにも出かけなくて正解だったかな」


わたしたちはときどき、ブルーな気分のときににぎやかな店に出かけたり、友人と会ってお酒を飲んで気を紛らそうとすることがあります。それで元気になることもありますが、かえって疲れてしまったり、些細なことで感情的になったりすることもあります。むしろそういうケースのほうが多いのです。

そのことを思い出すと、「一人で過ごして良かったな」と気がつきます。何となく、自分に自信がついてきたり、自分が好きになったりします。「孤独って悪くないな」と思えるのです。

つまり一人になることで、心の平穏を取り戻すことができます。悩みや不安があったとしても、一人になって静かに向き合うことで「考えても始まらない」とか「できることだけやっていけばいい」という答えが出てきて心の曇りが取れてしまうことがあります。孤独というのは、自分が選んで向き合ってみればそんなに悪い世界ではないと気がつくのです。

「一人は苦手なのかな」と気づいたらそれでもいい

孤独が好きな人、嫌いな人という単純な分け方はできないと書きました。一人の人間の中に孤独を愛する気持ちとそれを恐れる気持ちが同居しています。ただ、どうしても個人差はあります。一人になると時間を持て余し、誰かに会いたくなったり一緒に過ごしたくなる人がいても少しもおかしくありません。「さあ、一人になったぞ」と気持ちの浮き立つことがあっても、すぐに落ち着かない気分になって友人に電話するような人だって、孤独が苦手というだけで一人の時間を嫌っているわけではありません。

「たまに一人になると、そのときはあれこれやってみたいことが浮かんでくる。

でもすぐに、『一人じゃつまらないな』って思ってしまう」

こういう感覚なら、あなたにもわかると思います。ショッピングだって街歩きだって、あるいは食事だってお酒を飲むことだって、一人より誰かと一緒のほうがいろいろな店に入りやすいし話も弾みます。

あるいは自宅でコーヒーを飲みながら雑誌を読んだり料理を作ってみても、「話し相手がいないとやっぱりつまらないな」と思う人もいるでしょう。ふだんは夫や家族の世話に明け暮れ、「ああ、一人になりたいな」と思っている女性だって、いざそういう時間が手に入ると物足りなさを感じるかもしれません。

わたしはそれはそれで仕方ないと思っています。

自分のことより、誰かを楽しませたり喜ばせたり、それで自分も幸せな気持ちになるという人は素敵だし、心の広い人だと思うからです。

でも、そういう人だからこそ気がついていただきたいことがあります。

一人になって自分だけの世界に閉じこもる時間もやっぱり必要です。たとえ3時間でも半日でも、好きなことだけしてゆったりと過ごす時間があれば、「さて、ご馳走の準備でもしようかな」という元気が生まれてくるからです。孤独な時間というのは、元気に生きるための大切な休憩時間になってきます。

「今度は一人のときに」という楽しい計画

孤独でも幸せな人は、一人だからできること、一人になったらやりたいことがあると書きました。

では、それが思いつかない人は一人を持て余すしかないのでしょうか。

そんなことはないはずです。どんなに一人が苦手な人でも、ふだんの生活の中で一人になったらやってみたいことを思い浮かべるときがあるからです。

そのきっかけは、たぶん誰かと一緒のときに生まれてきます。たとえば友人とショッピングに出かけたり、レストランで食事をしているようなときです。「もうちょっといろいろ見たい売り場があるな」とか、「このメニュー、食べてみたいな」と思っても、友人が興味なさそうだったり時間を気にする素振りを見せるとつい、言い出せなくなります。せっかく楽しい時間を過ごしているのに、水を差したくないと考えてしまいます。

そういうとき、ふと思いつく計画があります。「今度は一人で来てみよう」という計画です。いつにするか、そこまでは決められなくても「一人のときに」と思いつくと何となく嬉しくなります。

たぶんその程度の経験なら、ほとんどの人が持っていると思います。つまり誰でも自分から一人になろうと思うときがあるし、孤独の入り口に足を踏み込むことがあるのです。

その足をもう一歩踏み出すとどうなるでしょうか。

実際に一人でお気に入りの店を訪ねたり、食べてみたい料理を注文できたときには、すでに十分、大人のつもりでいても、「大人になったな」と思うから不思議です。

そのワクワク、ドキドキするような感覚を、他人やグループや組織とつながり続けて暮らすうちに忘れてしまったのかもしれません。

もう一度、一人になることの楽しさを思い出すためにも、「今度は一人のときに」という計画を実行してみてください。

エピローグ

たとえ一人になっても、長生きできるのは幸せなこと

長く生きるほど死は当たり前になってしまう

最後の最後でこんなことを書いていいのか、じつは迷います。

でもいつも考えてしまうことがあります。

人が死んだときには、若ければ若いほど大勢の人に悼んでもらえます。周囲の人はみんな、「もっと生きてほしかった」と悲しむでしょう。

ずっと長生きすると、死んでも「天寿まっとうですね」でおしまいです。著名人の場合は新聞の片隅に死亡記事が載り、それを読んだ人が「まだ生きていたんだ」と感心しておしまいです。長生きすればするほど、死は当たり前のこと、小さな出来事になってしまいます。同世代はみんな亡くなり、看取ってくれるのは数少ない肉親だけです。

では、早く死んだほうが幸せなのでしょうか。

誰もそんなことは考えません。長く生きたほうが幸せに決まっていると思うはずです。悼んでくれた人の数なんて、死んでしまえばわかりません。やりたかったこと、やり残したことを抱えたままに死んでしまう人の無念も、本人以外にはわかりません。

長く生きたほうが幸せだと思うのは、家族もそれほど悲しまないというのがあるからです。長寿で亡くなった人のお葬式は、家族や親族、世話になった人が集まっても湿っぽくはなくて、みんなが故人の思い出を楽しそうに語ったり、ときには笑い声が生まれることだってあります。

「きっといまごろはおじいちゃん（おばあちゃん）も喜んでいるよ」

誰からともなくそんな言葉が漏れてしまいます。

そばで悲しんでくれる人がいるだけでいい

でも、わからないことがあります。

長く生きたほうが幸せだろうと思うのは、晩年が恵まれていればという前提があるからです。

もし、一人の寂しさを抱えたまま死ぬようなことがあったら、その人にとっては長く生きたこととそれじたいがつらいものになってしまうような気がします。

ただ、そういう考え方は間違っているかもしれないと最近は思うようになってきました。たとえば身寄りもなく、施設の中で亡くなる高齢者がいます。訪ねてくる人もほとんどいなくて、亡くなったときでも数少ない知り合いが集まるだけというケースはいまの時代、決して珍しいことではありません。

でも、介護スタッフや看護師さんがやはり悲しんでくれます。血のつながりはなくても、いちばん最後までそばにいて看取ってくれた人が悲しんでいる様子を見ると、それはそれで幸せな人生だったのかなと思うことがあります。

この本で、一人でも幸せに生きる人のイメージをあれこれ書いてきましたが、わたしがいちばん伝えたかったのは、どんなに孤独な人生であっても、死ぬときにはそばで悲しんでくれる人がいるということだったかもしれません。

一人が幸せな人は周囲を幸せにしてくれる

なぜ一人でも幸せな人は素敵なのか。

なぜ一人になっても楽しそうに生きている人は素敵なのか。

その理由がいまわかったような気がします。

そういう人は、周りの人を幸せな気持ちにしてくれるからです。

孤独を恐れない勇気も与えてくれるし、「わたしもこうなりたいな」という希望も与えてくれるからです。


一人でも幸せそうな人を見ると、誰でも「いいな」と思います。

それが長生きしている人であればあるほど、「人生っていいな」と思います。言い古された言い方ですが、人間は一人で生まれ、一人で死んでいきます。最初と最後は一人です。

生まれたときには周りの人みんなが喜びます。両親だけでなく、周囲の人たちみんなを幸せな気持ちにしてくれるのが赤ちゃんです。

そして、死ぬときにも同じようにそばにいる人を幸せな気持ちにすることができたら、やっぱり素敵な人生と言っていいはずです。

一人でも幸せな人は、そんな人生を歩いている人なのでしょう。だからいま、一人でも幸せな生き方を探すことが大切なのだと思います。

著者プロフィール

和田秀樹（わだ ひでき）

精神科医

1960年大阪府生まれ。1985年東京大学医学部卒業。東京大学医学部附属病院精神神経科助手、アメリカ・カール・メニンガー精神医学学校国際フェローを経て、現在はルネクリニック東京院院長。日本大学常務理事。一橋大学経済学部、東京医科歯科大学非常勤講師（医療経済学）。川崎幸病院精神科顧問。

著書は、『親が認知症かなと思ったら読む本』（祥伝社）、『六十代と七十代 心と体の整え方』（バジリコ）、『70歳が老化の分かれ道』（詩想社新書）、『症状が改善！介護がラクになる マンガでわかる！ 認知症』、『70歳からの老けない生き方』、『60歳から脳を整える』、『「思秋期」の壁』（すべてリベラル社）など多数。

装丁デザイン　大前浩之（オオマエデザイン）
DTP　ハタ・メディア工房
本文デザイン　尾本卓弥（リベラル社）
編集人　伊藤光恵（リベラル社）
編集　榊原和雄（リベラル社）
営業　持丸孝（リベラル社）
制作・営業コーディネーター　仲野進（リベラル社）

編集部　鈴木ひろみ・中村彩・安永敏史
営業部　津村卓・澤順二・津田滋春・廣田修・青木ちはる・竹本健志・坂本鈴佳

※本書は2020年に新講社より発刊した『ひとりでも幸せに生きる』を改題し、
再構成し文庫化したものです

精神科医が教える
ひとり老後を幸せに生きる

2023年3月25日　初版発行
2023年4月6日　2版発行

著　者　和田 秀樹
企画・編集　株式会社 波乗社
発行者　隅田 直樹
発行所　株式会社 リベラル社
〒460-0008　名古屋市中区栄3-7-9　新鏡栄ビル8F
TEL 052-261-9101　FAX 052-261-9134　http://liberalsya.com
発　売　株式会社 星雲社（共同出版社・流通責任出版社）
〒112-0005　東京都文京区水道1-3-30
TEL 03-3868-3275
印刷・製本所　株式会社 シナノ・パブリッシングプレス

ISBN978-4-434-31810-8　C0195